中职教育"十三五"规划教材·会计实训系列

基础会计模拟实训

（第三版）

U0754137

主 编／李 新

副主编／李文会

立信会计出版社

LIXIN ACCOUNTING PUBLISHING HOUSE

图书在版编目(CIP)数据

基础会计模拟实训 / 李新主编. —3 版. —上海:
立信会计出版社,2018.10
ISBN 978-7-5429-5989-8

Ⅰ.①基… Ⅱ.①李… Ⅲ.①会计学 Ⅳ.①F230
中国版本图书馆 CIP 数据核字(2018)第 240121 号

责任编辑　余　榕

基础会计模拟实训(第三版)

出版发行	立信会计出版社				
地　　址	上海市中山西路 2230 号	邮政编码	200235		
电　　话	(021)64411389	传　　真	(021)64411325		
网　　址	www.lixinaph.com	电子邮箱	lxaph@sh163.net		
网上书店	www.shlx.net	电　　话	(021)64411071		
经　　销	各地新华书店				

印　　刷	上海肖华印务有限公司		
开　　本	787 毫米×1092 毫米	1 / 16	
印　　张	12.5		
字　　数	270 千字		
版　　次	2018 年 10 月第 3 版		
印　　次	2018 年 10 月第 1 次		
印　　数	1—3100		
书　　号	ISBN 978-7-5429-5989-8 / F		
定　　价	30.00 元		

第三版前言
FOREWORD

《基础会计模拟实训》自出版 8 年以来,被国内中等职业学校广泛使用,在此我们对关心和使用本书的教师和读者表示衷心的感谢!

本书出版以后,我们广泛吸取了广大读者在使用过程中所提出的宝贵意见和建议,并根据新修订的《企业会计准则》、营改增的规定、2018 年 5 月以后的税制以及 2018 年 6 月 24 日财政部修订的一般企业财务报表的格式,在本书第二版的基础上做了修改、补充和完善,以期能为各中等职业学校的师生和其他的读者提供一本适应《企业会计准则》要求的、符合当前税制的、紧密结合企业实际的实训用书。

与第二版相比,本书第三版主要有如下变动:

(1) 对实训案例和数据进行了更新,并根据新修订的《企业会计准则》和新税制进行了规范。

(2) 对每项实训模块的内容进行了调整,既强化了教材在技能训练方面的作用,又使学生在学习的同时,提高其职业实践能力,培养其良好的职业道德。

(3) 力求贴近企业实际,本书的数据资料既来自会计实务,又经过提炼加工。

(4) 力求符合学生实际,既有利于初学者对会计基本核算的学习和掌握,又有助于学生对会计教学软件的操作运用。

书中出现的人名、单位名称和各种印鉴、票据等资料,都是编者根据教学与实践相结合的需要,依据会计业务基本内容而精心设计的仿真资料,与任何人和单位无关。

本书编写分工如下:李新担任主编,负责第一篇第一、第二章编写;李文会担任副主编,负责第一篇第三、第四章的编写工作;仝惠林负责第二篇"单据"的编写工作;李华负责第二篇"业务和答案"的编写工作。

由于编者水平有限,望广大教师和学生对本书中存在的问题提出批评和建议,以便更正。

编　者

2018 年 10 月

目 录
CONTENTS

绪　　论

基础会计模拟实训是与基础会计课程相配套的会计实训课程,是会计专业实训教学系统的重要组成部分,是进行会计案例教学的重要形式和学习会计基本技能的重要途径。中职学生通过实训,既可以强化对基础会计理论的理解和认识,又可以看到会计核算基本原理与方法在会计实务中的具体运用,不仅能够增加感性认识,了解和掌握实际工作中的经济业务知识,提高职业判断能力,而且能够掌握会计人员必须具备的实际操作能力,养成良好的职业习惯,为其日后成为应用型人才打下坚实的基础。

一、模拟实训的目的

基础会计是一门实践性和系统性比较强的课程,是中职学校会计专业和经济管理类专业的重要的专业课程之一,要求学生在学习时不仅要掌握会计核算的各种基本原理和基本方法,而且还要掌握会计核算的基本程序、会计工作基础操作规范和各种实际操作技能,进而理解会计是一个信息系统。其主要目的是使学生全面掌握各种会计工作操作规范,培养学生的识证能力、制证能力、登账能力和编制会计报表的能力,以及对会计主体经济活动的初步分析判断能力,加深对会计核算的基本程序和实际工作内容与性质的认识,提高会计的实际操作技能,形成会计责任观念,为进一步学习专业会计奠定坚实基础。

二、模拟实训的基本内容

基础会计模拟实训内容主要包括单项模拟实训和综合模拟实训两部分。

(1) 单项模拟实训。其内容是和《基础会计》教材结合设计的,按会计核算方法的顺序安排。它包括原始凭证实训、记账凭证实训、会计账簿实训和编制会计报表实训。

(2) 综合模拟实训。其内容是在各单项模拟实训的基础上,将各单项模拟实训的内容综合应用,把所学的基础会计知识融会贯通。它是模拟处理企业一个会计分期全过程及全部会计业务的操作实训。

三、模拟实训的基本要求

基础会计模拟实训最直接的目的就是使学生熟悉和掌握会计的基本技能。主要包括以下几项:

(1) 填制和审核会计凭证技能。填制和审核会计凭证是会计工作的起点,也是会计工作的基本环节,包括填制和审核原始凭证及记账凭证。

(2) 记账技能。即根据审核无误的原始凭证和记账凭证,按照国家统一会计制度规定的会计科目,运用复式记账法将经济业务序时、分类地登记到账簿中。登记账簿是会计核算工作的主要环节。

(3) 报账技能。编制会计报告是将日常分散的会计资料,按照一定的要求、原则,定期加以归类、整理和汇总成有关方面需要的会计信息的一种专门方法。其中,编制会计报表是会计报告的主体内容。

(4) 计算技能。在会计实际工作中,会计所面临的计算主要是大量的加减运算,计算器和算盘是会计人员应用最为普遍的计算工具,也往往是展示业务技能的一个重要窗口。

(5) 其他方面。系统掌握会计基本理论、会计基础工作规范,还要认真钻研,及时总结实训经验和积极参与交流讨论等。

第一篇 单项模拟实训

第一章 原始凭证应用实训

第一节 原始凭证的填制

一、实训目的

原始凭证的填制是会计核算的开始,是会计人员一项重要的技能。通过本实训,学生应明确原始凭证应具备的基本要素,熟悉部分有代表性的原始凭证样式,掌握原始凭证填制的基本操作技能。

二、实训要求

根据实训资料所给出的各项经济业务,按填制原始凭证的要求,正确填制与每项经济业务相关的原始凭证。

三、实训提示

为了熟悉填制原始凭证的基本要求,正确填制原始凭证,请参阅附录《会计基础工作规范》中第三章第二节"填制会计凭证",为顺利地进行操作,做好理论准备。

四、实训资料(资料纯属虚构)

广州远大有限责任公司(以下简称"远大公司")是一家加工制造法人企业,为增值税一般纳税人,增值税税率为16%,税务登记证号为116678901015678,开户银行为工商银行广州分行,账号为0377668860,公司法人代表为刘洋,财务部经理为张山、会计为刘明、出纳为李梅,车间主任为杨太民,销售部经理为王大力。公司地址:广州市高新开发区10号。2019年1月初资料见第三章总分类账户期初余额表(见表1-3-1)。原材料按实际成本法核算。产品成本按品种法计算。会计核算程序为科目汇总表核算程序。经核定的库存现金限额为3 000元,不采用备用金核算。日常开支审批程序:部门主管初审签字—企业法人代表终审签字。100元以下日常开支审批程序:部门主管初审签字—财务主管终

审签字。2019 年 1 月,该公司发生如下经济业务:

(1) 1 日,收到本市阳光贸易公司开出的转账支票一张,归还前欠的购货款 150 000 元。填写"进账单"一份,连同转账支票送交开户行(阳光贸易公司开户银行:工行广州支行,账号:1006623888)。要求:填写进账单,代对方填写转账支票。

(2) 1 日,出纳员李梅开出现金支票一张,金额 5 000 元,从银行提取现金,以备零用。要求:填写现金支票。

(3) 2 日,业务员李一国去乌鲁木齐参加商品订货会,填写借支单向财务部门借现金 3 000 元,供应部经理王洪山批准。

(4) 3 日,向广州朋辉有限责任公司(地址:广州市南京路 100 号,开户行:工行广州分行,账号:1005500221,税务登记证号:112450012000330)购进甲材料 300 千克,单价为 80 元;乙材料 500 千克,单价为 75 元,材料已验收入库,增值税税率 16%;开出转账支票支付(直接记入"原材料"账户,下同)。要求:代销货方填制增值税专用发票,填制收料单、转账支票。

(5) 4 日,向阳光贸易公司销售 A 产品 200 件,单价为 630 元;B 产品 200 件,单价为 400 元;增值税税率 16%,收到该公司开出的转账支票一张,支付价税款。要求:填写增值税专用发票、出库单,代购货方填写转账支票(阳光贸易公司地址:广州市南阳路 20 号,税务登记证号:200112300223300,开户行:工行广州支行,账号:0105500228)。

(6) 5 日,收到仓库保管员李红本月因责任事故赔款 258 元,为其开出收款收据。

(7) 6 日,向广州市百货超市购买办公用品一批:钢笔 10 支,单价为 12 元;圆珠笔 20 支,单价为 1.5 元;笔记本 20 本,单价为 2 元;行政办公室直接领用。用现金支付。要求:代百货超市填写普通发票一张。

(8) 7 日,向市内家具城购买办公桌 2 张,单价为 360 元;办公柜 1 个,单价为 520 元,转账支付。要求:填写转账支票,代家具城开具普通发票(对方银行账号:1006600789,开户行:市商业银行长江分理处)。

(9) 10 日,业务员李一国报销差旅费,时间 8 天,差旅费单据:火车票 2 张、每张金额为 488 元,市内出租车车票 12 张,金额为 98 元,住宿费发票一张,1 月 3 日 22:00 入住,住宿 6 天,一天 120 元,房间号 826 号,往返路上时间 48 小时。报销标准:车船及市内交通费实报实销,住宿费每天标准为 100 元,伙食费补助标准每天为 50 元,夜间乘车硬座超过 8 个小时另补助该车票价的 60%(坐火车夜间均超过 8 个小时)。多余款收回。要求:填制住宿发票、差旅费报销单、收款收据。

(10) 15 日,生产 A 产品领用甲材料 450 千克,单价为 80 元;生产 B 产品领用乙材料 500 千克,单价为 75 元。要求:填写领料单。

(11) 15 日,生产 C 产品领用乙材料 800 千克,单价为 75 元(计划产量为 1 100 件,每件乙材料的消耗定额为 1.76 千克)。要求:填写限额领料单。

(12) 18 日,填写"银行电汇委托书"一张,向陕西省海昌公司汇款 58 000 元,用以支付前欠货款(海昌公司地址:西安市同化区东山路 65 号,开户行:中国工商银行西安分行东山分理处,账号:5400110022210022)。要求:填写银行电汇委托书。

(13) 23 日,生产 C 产品领用乙材料 1 136 千克,单价为 75 元。要求:填写限额领料单。

(14) 25 日,将当天收到的现金 5 000 元存入银行(面额为:50 元的 50 张;20 元的 100 张;10 元的 50 张)。要求:填写现金交款单。

(15) 28 日,收到外商捐赠的不需安装的新车床一台,其市场价值为 120 000 元,预计使用 10 年,残值估计为 12 000 元,设备已交付使用。要求:填制固定资产验收单。

(16) 31 日,收到开户行转来的本月电费委托收款凭证,本月用电量 15 131.50 度,每度电价为 0.76 元,计款 11 500 元,立即转账支付(单位名称:广州市电业局番禺分局,地址:光明北路 1 号,开户行:工行广州支行,账号:1002003005,税务登记证号:888666432100012,抄表日期:本月本日,抄表员王五。其中:车间用电量 12 500 度,计 9 500 元,厂部用电量 2 631.50 度,计 2 000 元)。要求:代对方填写委托收款凭证(增值税专用发票),填写电费分配表、转账支票。

(17) 31 日,向北京天成有限责任公司销售 A 产品 180 件,单价为 650 元;B 产品 100 件,单价为 400 元,增值税税率为 16%,货已发出,并已办妥委托银行收款手续(款未收到),以转账支票一张代对方垫付运费 900 元。要求:填写增值税专用发票、出库单、委托银行收款凭证、转账支票(天成公司开户行:工行北京市分行;账号:1230005556;税务登记证号:112266335546789;地址:北京市开发区 200 号。运输单位名称:广州市天一运输公司)。

(18) 31 日,收到开户行转来的本月借款利息 1 000 元的利息通知单,该笔借款从 2019 年 1 月 1 日起,借期 1 年,金额为 100 000 元,年利率为 12%。要求:代对方填写银行贷款利息通知单。

(19) 31 日,签发转账支票,支付本市电视台广告费 20 000 元。要求:代对方填写普通发票,填写转账支票。

(20) 31 日,收到北京天成有限公司通过信汇汇来的销货款 184 590 元,填写进账单,到银行办理收款。要求:代对方填写银行信汇凭证,填写进账单。

(21) 31 日,编制工资结算汇总表,本月应付职工工资 20 000 元,其中生产 A 产品工人工资 4 000 元,生产 B 产品工人工资 7 500 元,生产 C 产品工人工资 4 800 元,车间管理人员工资 2 500 元,行政管理人员工资 1 200 元。要求:填制工资结算汇总表。

(22) 31 日,按生产 A、B、C 三种产品所耗用的生产工时(A 产品 500 小时,B 产品 600 小时,C 产品 2 000 小时)为标准分配制造费用。要求:填制制造费用分配表。

(23) 31 日,假设期末 A、B、C 三种产品均全部完工,A 产品 125 件,单位成本为 423.48 元;B 产品 180 件,单位成本为 312.90 元;C 产品 1 100 件,单位成本为 143.40 元。结转完工产品成本(假设本月初生产成本账户期初余额均为直接材料成本)。要求:填制产品成本计算单。

(24) 31 日,结转已销商品成本。要求:填制产品销售成本计算表。

(25) 31 日,按本月应交增值税计算本月应交城市维护建设税(税率 7%)和应交教育费附加(税率 3%)。要求:填制应交城市维护建设税计算表和应交教育费附加计算表。

五、实训结果提示

(1) 填制的原始凭证均须由凭证上所要求的相关人员在凭证上签字(可约定几位同学

代签)。

(2) 涉及收入、支出现金的原始凭证,在收妥现金后,还需在凭证上加盖"现金收讫"戳记;在付出现金后,还应在凭证上加盖"现金付讫"戳记。

(3) 对外开出的原始凭证要加盖本单位"财务专用章",填写使用的支票,还要在支票上再加盖本单位在银行预留的印鉴。

(4) 在实际工作中,发票由销售产品或提供劳务一方开具。

六、空白原始凭证

业务 1-1

表 1-1-1

| 中国工商银行
转账支票存根 （粤）

yⅡ00856760
附加信息：_____
_____
_____
出票日期　年　月　日
收款人：
金额：
用途：
单位主管　　会计 | 本支票付款期十天 | 中国工商银行　转账支票　（粤）yⅡ00856760

出票日期(大写)　　年　月　日　　付款行名称：
收款人：　　　　　　　　　　　　出票人账号：

人民币
（大写）　　　　　　　　　　千百十万千百十元角分

用途：_____
上列款项请从
我账户内支付
　　　　出票人签章

　　　　复核　　　　记账 |

业务 1-2

表 1-1-2

中国工商银行进账单(收账通知)　　3

年　　月　　日

出票人	全　称		收款人	全　称											
	账　号			账　号											
	开户银行			开户银行											
金额	人民币 （大写）					亿	千	百	十	万	千	百	十	元	角 分
票据种类		票据张数													
票据号码															
	复核　　　记账			收款人开户银行签章											

此联是收款人开户银行交给收款人的收账通知

业务 2

表 1-1-3

中国工商银行 现金支票存根 （粤）	本支票付款期十天	中国工商银行　现金支票　（粤）yⅡ 00850125

中国工商银行现金支票存根 （粤）

yⅡ 00850125

附加信息：_____

_____

_____

出票日期　　年　月　日

收款人：

金额：

用途：

单位主管　　会计

本支票付款期十天

中国工商银行　　现金支票　（粤）yⅡ 00850125

出票日期（大写）　　年　月　日　　付款行名称：

收款人：　　　　　　　　　　　出票人账号：

人民币
（大写）　　　　　　　　　　　千百十万千百十元角分

用途：_____
上列款项请从
我账户内支付
　　出票人签章

复核　　　　　　记账

业务 3

表 1-1-4

借　款　单

年　　月　　日　　　　　　　　　　　№

借款单位		借款人	
借款事由			

借款金额人民币（大写）：　　　　　　　　　　¥

付款方式：		借款经办人（签章）：	

单位负责人意见：	分管领导意见：	会计主管审核：

注意事项：1. 凡借用公款必须使用本借款单。2. 出差返回后 3 日内办理结算。3. 本借款单一式三联，本联为记账联。

业务 4-1

表 1-1-5

广东省增值税专用发票

№01616888

发票联

校验码 112264613635987   开票日期：　年　月　日

购买方	名　　称： 纳税人识别号： 地址、电话： 开户行及账号：					密码区			
货物或应税劳务、服务名称	规格型号	单位	数量	单价	金　额		税率	税　额	
合　　计									
价税合计（大写）				（小写）					
销售方	名　　称： 纳税人识别号： 地址、电话： 开户行及账号：					备注			

收款人：　　　　　复核：　　　　　开票人：　　　　　销售方（章）：

第三联：发票联　购买方记账凭证

　　注：在实际工作中，国家税务总局要求，增值税专用发票通过税控系统自动生成，即由企业会计人员通过计算机打印发票，全部联次一次打印完成。不再手工填制。

业务 4-2

表 1-1-6

收　料　单

材料类别：

供应单位：　　　　　　　年　月　日　　　　　仓库：

发票号码：　　　　　　　　　　　　　　　　　材料科目：

材料编号	材料名称	规格	计量单位	数量		实际成本（元）				
				应收	实收	单价	金额	运杂费	其他	合计
合　计										

第三联　记账联

仓库主管：　　　验收：　　　记账：　　　交料人：　　　制单：　　　仓库（章）：

业务 4-3

表 1-1-7

| 中国工商银行
转账支票存根　（粤）

yⅡ 00858729
附加信息：

_____

_____

出票日期　年　月　日
收款人：
金额：
用途：
单位主管　　会计 | 本支票付款期十天 | 中国工商银行　转账支票　（粤）yⅡ 00858729

出票日期（大写）　年　月　日　　付款行名称：
收款人：　　　　　　　　　　　出票人账号：

人民币
（大写）　　　　　　　　　　千百十万千百十元角分

用途：_____
上列款项请从
我账户内支付
　　出票人签章

　　　复核　　　　　记账 |

业务 5-1

表 1-1-8

广东省增值税专用发票　　№01616888

此联不作报销和税凭证使用

校验码 112264613635987　　　　　　　　　　开票日期：　年　月　日

购买方	名　　　称： 纳税人识别号： 地址、电话： 开户行及账号：				密码区		
货物或应税劳务、服务名称	规格型号	单位	数量	单价	金　额	税率	税　额
合　计							
价税合计（大写）					（小写）		
销售方	名　　　称： 纳税人识别号： 地址、电话： 开户行及账号：				备注		

收款人：　　　　复核：　　　　开票人：　　　　销售方（章）：

第一联：记账联　销售方记账凭证

>>>>>>

业务 5-2

表 1-1-9

产 品 出 库 单

年 月 日

品　　　名	计量单位	发出数量	备　注

单位负责人：　　　　　　　发货人：　　　　　　　经办人：

业务 5-3

表 1-1-10

中国工商银行 转账支票存根　（粤） yⅡ 00854552 附加信息： _____ _____ 出票日期　年 月 日 收款人： 金额： 用途： 单位主管　　会计	本支票付款期十天	中国工商银行　转账支票　（粤）yⅡ 00854552 出票日期(大写)　年 月 日　　付款行名称： 收款人：　　　　　　　　　　出票人账号： 人民币 (大写)　　　　　　　　　千百十万千百十元角分 用途：_____ 上列款项请从 我账户内支付 　出票人签章 　　　　　　复核　　　　记账

业务 6

表 1-1-11

广东省统一财务收款收据

票据代码：4100010001
粤 财 综 IB〔2018〕

年 月 日　　　　　　No

	今收到_____	第三联 记账联
	交　来_____	
	人民币(大写)　　　　　　　　　　　　　　　　￥	
说明	1. 本收据用于收费,基金以外的单位与单位之间,单位内部各部门之间及单位与个人之间发生的各种资金往来结算业务。2. 本收据禁止用于收取行政事业性收费,政府性基金,否则按违反"收支两条线"予以处罚。	

收款单位(章)：　　　　　　开票人：　　　　　　收款人：

>>>>>>

业务7

表1-1-12

广东省广州市商业统一发票

发 票 联

发票代码：265354567

客户名称： 　　　　　年　月　日　　　　发票号码：00032652

项　目	内　容	单　位	数　量	单　价	金　额						
					万	千	百	十	元	角	分
合计人民币 （大写）											

收款单位(章)： 　　　　　　开票人： 　　　　　　收款人：

业务8-1

表1-1-13

广东省广州市商业统一发票

发 票 联

发票代码：265354568

客户名称： 　　　　　年　月　日　　　　发票号码：00032653

项　目	内　容	单　位	数　量	单　价	金　额						
					万	千	百	十	元	角	分
合计人民币 （大写）											

收款单位(章)： 　　　　　　开票人： 　　　　　　收款人：

业务8-2

表1-1-14

| 中国工商银行
转账支票存根　（粤）

yⅡ00858730

附加信息：＿＿＿＿＿＿
＿＿＿＿＿＿＿＿＿＿＿
＿＿＿＿＿＿＿＿＿＿＿

出票日期　年　月　日

收款人：

金额：

用途：

单位主管　　会计 | 本支票付款期十天 | 中国工商银行　转账支票　（粤）yⅡ00858730

出票日期(大写)　年　月　日　　付款行名称：

收款人：　　　　　　　　　　出票人账号：

人民币　〰〰〰〰〰〰〰〰　千百十万千百十元角分
(大写)

用途：＿＿＿＿＿
上列款项请从
我账户内支付
　出票人签章

　　　　　　复核　　　　　　记账 |

业务9-1

表1-1-15

差旅费报销单

年　月　日

出差人：				职务：				部门：			
出差事由：								审批人：			

起止日期及地点						交 通 费			住 宿 费			出差补贴				
月	日	起 点	月	日	终 点	交通工具	单据张数	金额	标准	天数	金额	项目	人数	天数	补贴标准	金额

合计(大写)：人民币			¥	
预支金额		退回金额	补领金额	附单据　　张

主管：　　　　　　复核：　　　　　　出纳：　　　　　　报销人：

业务 9-2

表 1-1-16

广州 ⟶ 乌鲁木齐

广州 发售

231 次

2019 年 1 月 2 日 17：18 开 02 车 02 号

全价 488.00 元　　　新空调硬座特快

限乘当日当次车

在 3 日内有效

业务 9-3

表 1-1-17

乌鲁木齐 ⟶ 广州

乌鲁木齐 发售

232 次

2019 年 1 月 9 日 08：30 开 10 车 25 号

全价 488.00 元　　　新空调硬座特快

限乘当日当次车

在 3 日内有效

业务 9-4

表 1-1-18

乌鲁木齐市服务业专用发票

发 票 联

单位(姓名)：　　　　　　　年　月　日　　　　　№

起止时间		年　月　日至　　年　月　日				金			额				② 发票联
项　目	楼房号	天　数	单　价	人　数		万	千	百	十	元	角	分	
合计金额(大写)													

收款人：　　　　　　　　　　　　　开票人：

业务 9-5

表 1-1-19

广东省统一财务收款收据

票据代码：4100010001

粤 财 综 IB〔2015〕

年　　月　　日

№

今收到＿＿＿＿＿＿＿＿＿＿＿＿＿＿＿＿＿＿＿＿＿＿＿＿＿＿＿＿	
交　来＿＿＿＿＿＿＿＿＿＿＿＿＿＿＿＿＿＿＿＿＿＿＿＿＿＿	
人民币（大写）　　　　　　　　　　　　　　　　　¥	
说明	1. 本收据用于收费,基金以外的单位与单位之间,单位内部各部门之间及单位与个人之间发生的各种资金往来结算业务。2. 本收据禁止用于收取行政事业性收费,政府性基金,否则按违反"收支两条线"予以处罚。

第三联 记账联

收款单位（章）：　　　　　　开票人：　　　　　　　收款人：

业务 10-1

表 1-1-20

领 料 单

领料部门：　　　用途：　　　年　　月　　日　　　　凭证编号：

材料编号	材料名称	规　格	计量单位	数　量		单价（元）	金额（元）
				请　领	实　发		
备注：						金额合计	

第三联 记账联

仓库主管：　　　发料：　　　记账：　　　领料人：　　　制单：　　　仓库（章）：

业务 10-2

表 1-1-21

领 料 单

领料部门：　　　用途：　　　年　　月　　日　　　　凭证编号：

材料编号	材料名称	规　格	计量单位	数　量		单价（元）	金额（元）
				请　领	实　发		
备注：						金额合计	

第三联 记账联

仓库主管：　　　发料：　　　记账：　　　领料人：　　　制单：　　　仓库（章）：

业务 11

表 1-1-22

限 额 领 料 单

No

领料部门：　　　　　用途：　　　　　　　年　月　　　　　　　材料仓库：

材料类型	材料名称	计量单位	单价	全月领用限额（千克）	全月实用	
					数　量	金　额

日期	供应部门负责人：		生产计划部门负责人：						
	请　领		实　发			退　库		限额结余（千克）
	数　量	领料单位负责人	数量	发料人	领料人	数量	退库号	

核算：　　　　　　　仓库主管：　　　　　　　发料：

业务 12-1

表 1-1-23

中国工商银行电汇凭证（回　单）　　1

汇款人	全　称		收款人	全　称											
	账　号			账　号											
	汇出地点	省　　市/县		汇入地点	省　　市/县										
	汇出行名称			汇入行名称											
金额	人民币（大写）					亿	千	百	十	万	千	百	十	元	角	分

支付密码

附加信息及用途：

汇出行签章　　　　　　　复核：　　　记账：

业务 12-2

表 1-1-24

中国工商银行　　委托书

委托日期　　年　月　日　　　　　　粤 A01538796

银行打印						
客户填写	业务类型	□电汇　□信汇　□汇票申请书　□本票申请书 □其他		汇款方式	□普通　□加急	

客户填写	委托人	全　　称		收款人	全　　称	
		账号或地址			账号或地址	
		开户行名称			开户行名称	
		开户银行			开户银行	

金额(大写)人民币

亿千百十万千百十元角分

支付密码

付出行签章：

加急汇款签字

用途

附加信息及用途：

第三联　回单联

注：也可用于办理电汇、信汇、做汇票申请书(工商银行)。

业务 13

限额领料单请同学们自制。

业务 14

表 1-1-25

中国工商银行　现金存款凭证

年　月　日　　　　　　粤 A04659865

存款人	全　　称			
	账　　号		款项来源	
	开户行		交款人	

金额(人民币)大写：　　　　　　　　　　　　金额小写：

票　面	张　数	票　面	张　数	票　面	张　数	
						经办：　　　复核：

业务 15

表 1-1-26

固定资产验收单

固定资产编号：　　　　　　　　　　年　月　日　　　　　　　　固定资产卡账号：

固定资产名称	规格型号	单 位	数 量	预计使用年限	原 值	已提折旧	备注
固定资产状况及转让原因							
处理意见	使用部门	技术鉴定小组		固定资产管理部门		主管部门审批	

制单：

业务 16-1

表 1-1-27

同委	## 委托收款凭证(付款通知)	**5**

委托日期　　　年　月　日

户号：				No0066813	给此联付款人款的人付开款户单行
付款人	全称		收款人	全称	
	账号			账号	
工行广州支行			款项内容：		
电费：			付款人注意：　　　据我市变通办法，上列款项见票即付，如有异议，可凭本票反办委收。		
违约金：					

业务 16-2

表 1-1-28

广东省增值税专用发票　　　　No016168931

校验码 112264613635987　　　　　　　　　　开票日期：　　年　月　日

购买方	名　　　　称：纳税人识别号：地　址、电　话：开户行及账号：					密码区			第三联：发票联　购买方记账凭证
货物或应税劳务、服务名称	规格型号	单 位	数 量	单 价	金　额	税率	税　额	
合　计								
价税合计(大写)					(小写)			
销售方	名　　　　称：纳税人识别号：地　址、电　话：开户行及账号：					备注			

收款人：　　　　　　复核：　　　　　　开票人：　　　　　　销售方(章)：

业务 16-3

表 1-1-29

中国工商银行 转账支票存根　（粤） yⅡ 00858731 附加信息： ＿＿＿＿＿＿＿＿＿＿ ＿＿＿＿＿＿＿＿＿＿ 出票日期　　年　月　日 收款人： 金额： 用途： 单位主管　　会计	本支票付款期十天	中国工商银行　转账支票　（粤）yⅡ 00858731 出票日期(大写)　　年　月　日　　付款行名称： 收款人：　　　　　　　　　　出票人账号： 人民币 (大写)　　　　　　　　　　　千百十万千百十元角分 用途：＿＿＿＿ 上列款项请从 我账户内支付 　　出票人签章 　　　　　　复核　　　　记账

业务 16-4

表 1-1-30

外购电力分配表

年　　月　　日

应借科目	成本或费用项目	分配标准	分配率	耗用数量(度)	金　额(元)
制造费用					
管理费用					
总　计					

业务 17-1

表 1-1-31

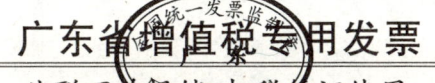

广东省增值税专用发票　　№01616946

此联不作报销、扣税凭证使用

校验码 112264613635789　　　　　　　　　　　　　　　　　开票日期：　　年　月　日

购买方	名　　称： 纳税人识别号： 地　址、电话： 开户行及账号：	密码区	第一联：记账联　销售方记账凭证
货物或应税劳务、服务名称	规格型号　单位　数量　单价　　金　额　　税率　　税　额		
合　计			
价税合计(大写)	（小写）		
销售方	名　　称： 纳税人识别号： 地　址、电话： 开户行及账号：	备注	

收款人：　　　　复核：　　　　开票人：　　　　销售方(章)：

业务 17-2

表 1-1-32

产 品 出 库 单

年 月 日

品 名	计量单位	发出数量	备 注

仓库负责人：　　　　　　发货人：　　　　　　经办人：

业务 17-3

表 1-1-33

异委	# 委托收款凭证 (付款通知)	5

委托日期　　年 月 日

No0066826

付款人	全 称		收款人	全 称		给此联付款人的开户单行此付款人付款单行
	账 号			账 号		
工行广州分行			款项内容：			
金额：			付款人注意:据我市变通办法,上列款项见票即付,如有异议,可凭本票反办委收。			
违约金：						

业务 17-4

表 1-1-34

中国工商银行 (粤) 转账支票存根	本支票付款期十天	中国工商银行　转账支票 (粤) yⅡ 00858732
yⅡ 00858732 附加信息：_____ _____ 出票日期　年 月 日		出票日期(大写)　年 月 日　　付款行名称：_____ 收款人：　　　　　　　　　　出票人账号：_____
收款人： 金额： 用途：		人民币 (大写)　　　　　　　千百十万千百十元角分 用途：_____ 上列款项请从 我账户内支付 出票人签章
单位主管　　会计		复核　　　　　记账

>>>>>>

业务 18

表 1-1-35

中国工商银行计收利息清单（支款通知）

年　月　日

户名						账号									
计息起止时间	年　月　日至　年　月　日					备注									
贷款种类	贷款账号	计息日贷款余额		计息积数		利　率		计收利息金额							
人民币（大写）					十	亿	千	百	十	万	千	百	十	元	角	分

单位主管：　　　　　会计：　　　　　复核：　　　　　记账：

业务 19-1

表 1-1-36

广东省广州市广告业专用发票

客户名称：　　　　　　　　　　　　　　　　　　　　　　№0065421

项　目	单　位	数　量	单　价	金　额						
				万	千	百	十	元	角	分
合计金额（大写）										

单位盖章：　　　　　收款人：　　　　　开票人：

业务 19-2

表 1-1-37

中国工商银行 转账支票存根　（粤） yⅡ 00858733 附加信息：＿＿＿＿＿ ＿＿＿＿＿＿＿＿＿ ＿＿＿＿＿＿＿＿＿ 出票日期　年　月　日 收款人： 金额： 用途： 单位主管　　会计	中国工商银行　转账支票　（粤）yⅡ 00858733 出票日期（大写）　年　月　日　　付款行名称： 收款人：　　　　　　　　　　　出票人账号： 人民币（大写）　　　　　　　　千百十万千百十元角分 用途：＿＿＿＿＿ 上列款项请从 我账户内支付 　出票人签章 复核　　　　　　记账

本支票付款期十天

>>>>>>

业务 20-1

表 1-1-38

中国工商银行信汇凭证（回单）

委托日期　　年　月　日　　　　京 A01538796

银行打印							
	业务类型	□电汇　□信汇　□汇票申请书　□本票申请书　□其他		汇款方式	☑普通　□加急		

客户填写

委托人	全　称		收款人	全　称	
	账号或地址			账号或地址	
	开户行名称			开户行名称	
	开户银行			开户银行	

金　额（大写）人民币　　　　　　　　　百十万千百十元角分

支付密码

付出行签章：

加急汇款签字

用途

附加信息及用途：

第三联　回单联

业务 20-2

表 1-1-39

中国工商银行进账单（收账通知）　　3

年　月　日

出票人	全　称		收款人	全　称	
	账　号			账　号	
	开户银行			开户银行	

金额	人民币（大写）	亿千百十万千百十元角分

票据种类		票据张数	
票据号码			

复核　　　　记账

收款人开户银行签章

此联是收款人开户银行交给收款人的收账通知

037

业务 21

表 1-1-40

工资结算汇总表

年　　月　　日　　　　　　　　　　　　　　　单位:元

职工类别	应付工资	代扣各种款项(略)		实发工资
生产 A 产品工人工资				
生产 B 产品工人工资				
生产 C 产品工人工资				
车间管理人员工资				
行政管理人员工资				
合　　　计				

业务 22

表 1-1-41

制造费用分配表

年　　月　　　　　　　　　　　　　　　　　　单位:元

项　　　　　目		生产工时(小时)	制造费用	
			分　配　率	分　配　金　额
合　　　计				

会计主管:　　　　　　　　　复核:　　　　　　　　　制单:

业务 23

表 1-1-42

完工产品成本计算单

年　　月　　日

成本项目	A 产品 (125 件)		B 产品 (180 件)		C 产品 (1 100 件)	
直接材料						
直接人工						
制造费用						
产品生产成本						

业务 24

表 1-1-43

产品销售成本计算表

年　　月

| 产品名称 | 计量单位 | 月初结存 | | 本月入库 | | 加权平均成本 | 月末结存数量 | 月末结存成本 | 本月销售成本 |
		数量	金额	数量	金额				
		1	2	3	4	$5=\dfrac{2+4}{1+3}$	6	$7=5\times6$	$8=2+4-7$
合计									
备注	1. 加权平均成本和销售成本均保留到分位。2. 由于加权平均成本除不尽,因此为了保持账面数字之间的平衡关系,销售成本采用倒挤法计算。								

会计主管:　　　　　　　复核:　　　　　　　制单:

业务 25-1

表 1-1-44

城市维护建设税纳税申报表

纳税识别号:								
纳税人名称					税款所属期限			
计税依据		计税金额	税率	应纳税金额	已纳税额		应补(退)税额	
1		2	3	$4=2\times3$	5		$6=4-5$	
增值税								
消费税								
如纳税人填报,由纳税人填写以下各栏			如委托代理人填写,由委托代理人填写以下各栏				备注	
会计主管 (签章)		纳税人公章	代理人名称		代理人公章			
			代理人地址					
			经办人		电话			
以下由税务机关填写								
申报日期					接收人			

>>>>>>> ....

业务 25-2

表 1-1-45

教育费附加纳税申报表

纳税识别号:						
纳税人名称				税款所属期限		
计税依据	计税金额	税率	应纳税金额	已纳税额	应补（退）税额	
1	2	3	4＝2×3	5	6＝4－5	
增值税						
消费税						
如纳税人填报，由纳税人填写以下各栏		如委托代理人填写，由委托代理人填写以下各栏			备注	
会计主管（签章）	纳税人公章	代理人名称		代理人公章		
		代理人地址				
		经办人		电话		
以下由税务机关填写						
申报日期				接收人		

第二节　原始凭证的审核

一、实训目地

原始凭证的审核是正确编制记账凭证的前提,是保证账簿记录正确的保障。通过实训,学生应掌握原始凭证的审核内容、审核程序和审核方法,基本掌握不符合要求的原始凭证的一般处理方法。

二、实训要求

在审核前,熟悉所给的经济业务,按审核和填制原始凭证的基本要求,指出实训资料所给出的原始凭证中所存在的问题,提出存在问题的原始凭证的处理方法。

三、实训提示

在做之前,请先参阅附录《会计基础工作规范》第三章第二节"填制会计凭证"。

四、实训资料

远大公司的财务人员在本月填制和收到了以下原始凭证,这些原始凭证均有不同程度的错误,请指出错误,并进行修改。

表 1-1-46

中国工商银行 现金支票存根　（粤） yⅡ 00868700	中国工商银行　现金支票　（粤）yⅡ 00868700
附加信息: ———————— ———————— 出票日期　年　月　日 收款人:**本单位** 金额:**5 000.00** 用途:**日常零支** 单位主管　　会计	本支票付款期十天　出票日期(大写)　年　月　日　付款行名称:**工行广州分行** 收款人:**本单位**　出票人账号:0377668860 人民币(大写)　**伍仟元整**　　千百十万千百十元角分 5 0 0 0 0 0 用途:**日常零支** 上列款项请从 我账户内支付 　出票人签章 　　　　复核　　　　记账

1. 请指出所填支票中存在的几处问题:

(1) _____ ;

(2) _____ ;

(3) _____ ；

(4) _____ 。

2. 处理方法：_____ 。

表 1-1-47

广东省统一财务收款收据

2019 年 01 月 05 日

票据代码：4100010001
粤 财 综 IB[2019]
№07110016

今收到　李 红_____

交 来_____

人民币（大写）　　**贰佰伍拾捌元**　　　　　　　¥258.00

说明	1. 本收据用于收费，基金以外的单位与单位之间，单位内部各部门之间及单位与个人之间发生的各种资金往来结算业务。2. 本收据禁止用于收取行政事业性收费，政府性基金，否则按违反"收支两条线"予以处罚。

第三联　记账联

收款单位：（章）　　　　　开票人：**李 梅**　　　　　收款人：**李 梅**

1. 请指出所填收款收据中存在的几处问题：

(1) _____ ；

(2) _____ ；

(3) _____ ；

(4) _____ 。

2. 处理方法：_____ 。

表 1-1-48

广东省广州市商业统一发票
发 票 联

客户名称：远大有限责任公司　　2019 年 01 月 06 日

发票代码：265354567
发票号码：00032652

项 目 或 内 容	单 位	数 量	单 价	金　额						
				万	千	百	拾	元	角	分
钢 笔		10	12.00		¥	1	2	0	0	0
圆珠笔		20	1.50			¥	3	0	0	0
笔记本		20	2.00			¥	4	0	0	0
合计人民币（大写）　壹佰玖拾元整					¥	1	9	0	0	0

收款单位（章）：　　　　　开票人：**王 明**　　　　　收款人：**王 明**

1. 请指出所填普通发票中存在的几处问题：

(1) _____；

(2) _____；

(3) _____；

(4) _____。

2. 处理方法：_____。

表 1-1-49

限 额 领 料 单

№07018

领料部门：**车间**　　用途：**生产产品**　　年　月　　　　材料仓库：1号库

材料类型	材料名称	计量单位	单 价（元）	全月领用限额	全 月 实 用	
					数　量	金　额
主要材料	**乙材料**	**千克**	75	1 936		

供应部门负责人：**王洪山**　　　　　　生产部门负责人：**杨太民**

日期	请 领		实 发			退 库		限额结余（千克）
	数　量	领料单位负责人	数　量	发料人	领料人	数　量	退库号	
15	800	**杨太民**	800	**李红**	**杨太民**			
23	1 200	**杨太民**	1 136	**李红**	**杨太民**			

核算：　　　　　仓库主管：**李红**　　　　　　　　发料：**李红**

1. 请指出所填领料单中存在的几处问题：

(1) _____；

(2) _____；

(3) _____；

(4) _____。

2. 处理方法：_____。

表 1-1-50

广东省增值税专用发票

Nº01616888

此联不作报销扣税凭证使用

校验码 112264613635987　　　　　　　开票日期：2019 年 01 月 31 日

| 购买方 | 名　称：北京天成有限责任公司
纳税人识别号：112266335546789
地址、电话：北京市开发区 200 号
开户行及账号：工行北京分行 1230005556 | | | | | 密码区 | （略） | |

货物或应税劳务、服务名称	规格型号	单位	数量	单价	金　额	税率	税　额
A 产品		件	180	650.00	117 000.00	16%	18 720.00
B 产品		件	100	400.00	40 000.00	16%	6 400.00
合　计					157 000.00		

价税合计（大写）	⊗壹拾伍万柒仟元整	（小写）157 000.00 元

| 销售方 | 名　称：
纳税人识别号：
地址、电话：
开户行及账号： | | 备注 | |

收款人：李　梅　　　　复核：　　　　开票人：王大力　　　　销售方（章）：

第一联：记账联　销售方记账凭证

1. 请指出所开增值税专用发票中存在的几处问题：

(1) _____；

(2) _____；

(3) _____；

(4) _____。

2. 处理方法：_____。

　　重点说明：对错误的原始凭证，应退还出具原始凭证的单位，由出具原始凭证的单位重开，再据以编制记账凭证并登记入账。

第二章 记账凭证应用实训

第一节 记账凭证的填制与审核

一、实训目的

记账凭证是由会计人员对审核无误的原始凭证或汇总原始凭证,按其经济业务的内容加以归类整理而填制的,并作为登记账簿依据的会计凭证。它是进行会计核算的关键,通过编制记账凭证的实训,学生应掌握记账凭证的编制方法,熟悉记账凭证格式和内容,提高学生对经济业务的会计处理能力。

二、实训要求

记账凭证有单式记账凭证和复式记账凭证,本章仅进行复式记账凭证的实训。具体操作要求如下:

(1)根据原始凭证填制专用记账凭证或通用记账凭证,并将原始凭证从书中裁下粘贴在对应的记账凭证后面。

(2)装订填制完成的专用记账凭证或通用记账凭证(注:在进行期末转账并记账后进行)。

(3)实训学生相互交换审核已填制的记账凭证。

三、实训提示

为熟悉填制记账凭证的基本要求,正确填制记账凭证,请先参阅附录《会计基础工作规范》第三章第二节"填制会计凭证",为顺利地进行动手操作,做好知识准备。

(一)实训资料

以第一章原始凭证应用实训中"实训资料"给出的原始凭证作为填制记账凭证的资料。

(二)记账凭证格式参考

1. 通用记账凭证格式(见表 1-2-1)

表 1-2-1

记 账 凭 证

第 号

年 月 日

摘　　要	会 计 科 目		借 方 金 额	贷 方 金 额	√	
	一级科目	二级或明细科目				附件张
合　　计						

会计主管: 　　记账: 　　出纳: 　　复核: 　　制单:

2. 专用记账凭证格式(见表 1-2-2 至表 1-2-4)

表 1-2-2

收 款 凭 证

字第　号

借方科目：　　　　　　　　　　　年　　月　　日

| 摘　要 | 贷 方 科 目 | | 金　额 | √ |
	一级科目	二级或明细科目		
合　计				

附件　张

会计主管：　　　　记账：　　　　出纳：　　　　复核：　　　　制单：

表 1-2-3

付 款 凭 证

字第　号

贷方科目：　　　　　　　　　　　年　　月　　日

| 摘　要 | 借 方 科 目 | | 金　额 | √ |
	一级科目	二级或明细科目		
合　计				

附件　张

会计主管：　　　　记账：　　　　出纳：　　　　复核：　　　　制单：

表 1-2-4

转 账 凭 证

字第　号

年　　月　　日

| 摘　要 | 会 计 科 目 | | 借 方 金 额 | 贷 方 金 额 | √ |
	一级科目	二级或明细科目			
合　计					

附件　张

会计主管：　　　　记账：　　　　复核：　　　　制单：

四、记账凭证填写示例

1. 通用记账凭证填写示例

（1）根据原始凭证表 1-1-1 和表 1-1-2 填制。填写示例如表 1-2-5 所示。

表 1-2-5

记 账 凭 证

第 1 号

2019 年 01 月 01 日

摘　　要	会 计 科 目		借方金额	贷方金额	✓
	一级科目	二级或明细科目			
收到前欠销货款	银行存款		150 000.00		附件2张
	应收账款	阳光贸易公司		150 000.00	
合　　计			￥150 000.00	￥150 000.00	

会计主管：张　山　　记账：刘　明　　出纳：李　梅　　复核：张　山　　制单：李　梅

该记账凭证后附的原始凭证有：转账支票一张。

（2）根据原始凭证表 1-1-5、表 1-1-6 和表 1-1-7 填制。填写示例如表 1-2-6 所示。

表 1-2-6

记 账 凭 证

第 4 号

2019 年 01 月 03 日

摘　　要	会 计 科 目		借方金额	贷方金额	✓
	一级科目	二级或明细科目			
采购原材料	原材料	甲材料	24 000.00		附件3张
		乙材料	37 500.00		
	应交税费	应交增值税(进项税额)	9 840.00		
	银行存款			71 340.00	
合　　计			￥71 340.00	￥71 340.00	

会计主管：张　山　　记账：刘　明　　出纳：李　梅　　复核：张　山　　制单：李　梅

该记账凭证后附的原始凭证有：增值税专用发票、收料单、转账支票存根联各一张。

2. 专用记账凭证填写示例

（1）根据原始凭证表 1-1-8 至表 1-1-10 填制。填写示例如表 1-2-7 所示。

表 1-2-7

收 款 凭 证

银收字第 02 号

借方科目：银行存款　　　　　　2019 年 01 月 04 日

摘　　要	贷 方 科 目		金　　额	✓
	一级科目	二级或明细科目		
销售商品款存银行	主营业务收入	A 产品	126 000.00	
		B 产品	80 000.00	
	应交税费	应交增值税（销项税额）	32 960.00	
合　　计			￥238 960.00	

附件 3 张

会计主管：张 山　　记账：刘 明　　出纳：李 梅　　复核：张 山　　制单：刘 明

该记账凭证后附的原始凭证有：增值税专用发票一张。

注：出库单在月底作为结转销售成本的原始凭证。

（2）根据原始凭证表 1-1-3 填制。填写示例如表 1-2-8 所示。

表 1-2-8

付 款 凭 证

银付字第 01 号

贷方科目：银行存款　　　　　　2019 年 01 月 01 日

摘　　要	借 方 科 目		金　　额	✓
	一级科目	二级或明细科目		
从银行提取现金	库存现金		5 000.00	
合　　计			￥5 000.00	

附件 1 张

会计主管：张 山　　记账：刘 明　　出纳：李 梅　　复核：张 山　　制单：李 梅

该记账凭证后附的原始凭证有：现金支票存根联一张。

（3）根据原始凭证表 1-1-21 填制。填写示例如表 1-2-9 所示。

表 1-2-9

转 账 凭 证

转字第 03 号

2019 年 01 月 15 日

摘　　要	会 计 科 目		借方金额	贷方金额	✓
	一级科目	二级或明细科目			
生产产品领用乙材料	生产成本	C 产品	60 000.00		
	原材料	乙材料		60 000.00	
合　　计			￥60 000.00	￥60 000.00	

附件 1 张

会计主管：张 山　　记账：刘 明　　复核：张 山　　制单：刘 明

该记账凭证后附的原始凭证有:限额领料单一张。

第二节　记账凭证的汇总

一、实训目的

记账凭证的汇总不仅大大减少登记总账的工作量,而且也可以起到试算平衡——检查记账凭证编制错误的作用。本次实训主要练习编制科目汇总表。

二、实训要求

根据专用记账凭证或通用记账凭证定期编制科目汇总表。科目汇总表的格式见表 1-2-10。

表 1-2-10

科 目 汇 总 表

年　月　日　至　日　　　　　　　　　　　　第⋯⋯号

会计科目	借方金额	贷方金额	附 记 账 凭 证
			自⋯⋯号至⋯⋯号
			计⋯⋯张
合　　计			

会计主管:　　　　　记账:　　　　　复核:　　　　　制表:

三、实训资料

本章记账凭证的填制与审核中所填制的记账凭证。

第三章　会计账簿应用实训

第一节　账户设置实训

一、实训目的

通过账户设置实训,学生应掌握总账和明细账户设置的基本原理与方法,学会如何在实际工作中,根据有关资料的相互联系建立一个完整的账户核算体系,以满足企业会计核算的需要。

二、实训要求

根据实训资料所给出的不同状况下的企业资料,在不同状况下为企业设置出相应的核算账户。具体要求是:

(1)根据企业上期期末总账账户余额表设置总分类核算账户。

(2)根据企业上期期末明细分类账户余额表设置明细分类核算账户和日记账账户。

三、实训提示

会计科目是企业会计分类核算账户的名称。在我国,设置总分类账户应以财政部颁布实施的《企业会计准则——应用指南》中规定的会计科目为标准;明细分类账户统一设置的不多,企业可根据其实际需要,自行设置。

四、实训资料

(1)广州远大有限责任公司 2019 年 1 月 1 日总分类账户期初余额如表 1-3-1 所示。

表 1-3-1

总分类账户期初余额表

2019 年 01 月 01 日　　　　　　　　　　　　　　单位:元

账 户 名 称	借 方 余 额	贷 方 余 额
库存现金	3 000	
银行存款	300 000	
应收票据	15 000	
应收账款	150 000	
原 材 料	189 000	

（续表）

账 户 名 称	借 方 余 额	贷 方 余 额
周转材料	3 600	
生产成本	20 000	
库存商品	185 201	
固定资产	4 794 799	
累计折旧		513 000
短期借款		100 000
应付账款		58 000
实收资本		4 541 450
盈余公积		251 890
利润分配		196 260
合 计	5 660 600	5 660 600

（2）广州远大有限责任公司 2019 年 1 月 1 日明细核算账户期初余额如表 1-3-2 和表 1-3-3所示。

表 1-3-2

相关库存账户明细科目余额表

单位：元

总账科目	明细科目	编号	规 格	单位	数 量	单 价	金 额
原材料	甲材料			千克	300	80	24 000
	乙材料			千克	2 200	75	165 000
生产成本	A产品						11 000
	B产品						9 000
周转材料	办公桌	001	三斗两开门	张	4	400	1 600
	办公柜	002	铁质带保险	个	4	500	2 000
库存商品	A产品			件	260	423.48	110 105
	B产品			件	240	312.90	75 096

表 1-3-3

往来账户明细科目余额表

单位：元

总账科目	明 细 科 目	借方余额	贷方余额
应收票据		15 000	
	广州市阳光贸易公司	15 000	
应收账款		150 000	
	广州市阳光贸易公司	150 000	
应付账款			58 000
	陕西省海昌公司		58 000

第二节　账簿登记实训

一、实训目的

登记账簿是会计人员最基本的工作,是会计专业学生必须掌握的最基本技能。通过实训,学生应明确账簿的种类和基本结构,熟悉登记账簿的一般要求,掌握账簿登记的基本操作技能。

二、实训要求

根据第二章的实训资料:

(1) 根据收、付款凭证,登记现金日记账和银行存款日记账。

(2) 根据收、付款凭证和转账凭证登记各类明细账。

(3) 根据科目汇总表登记总分类账。

三、实训提示

为了熟悉账簿登记的基本内容和登账的基本要求,请参阅附录《会计基础工作规范》的要求。

四、账簿格式

(1) 日记账格式(见表 1-3-4 和表 1-3-5)。

表 1-3-4

现金日记账

年		凭证字号	摘　要	对方科目	收　入	支　出	结　余
月	日						

表 1-3-5

银行存款日记账

年		凭证字号	摘　　要	对方科目	结 算 凭 证		收入	支出	结余
月	日				种类	编号			

（2）明细账的适用范围及格式（见表 1-3-6 至表 1-3-11）。

表 1-3-6

各种格式明细账适用范围

账页格式	适 用 范 围	特　　　　点
三栏式	现金/银行存款日记账	只需要进行金额核算的经济业务
	应收/应付账款明细账	
	应付职工薪酬明细账	
多栏式	在途物资明细账	需要进行分项目具体反映的经济业务
	制造费用明细账	
	管理费用明细账	
	生产成本明细账	
	主营业务收入明细账	
	营业外收入明细账	
	应交增值税明细账	
	本年利润明细账	
数量金额式	原材料明细账	既需要进行金额核算又需要进行数量核算的经济业务
	库存商品明细账	
	周转材料明细账	

表 1-3-7

明细分类账 (三栏式)

账户名称：

年		凭证号数	摘 要	借方金额	贷方金额	借或贷	余 额
月	日						

表 1-3-8

在途物资明细账

材料名称：

年		凭证号数	摘 要	借 方 金 额				贷方金额	余 额
月	日			买 价	采购费用	其 他	合 计		

表 1-3-9

生产成本明细账

明细科目：　　　　　　　　　　　　　　　　　　　　　　　　　　单位:元

年		凭证字号	摘要	借方	贷方	余额		借 　 方							
月	日					方向	金额	直接材料	直接人工	直接动力	其他直接费用	制造费用			

表 1-3-10

管理费用明细账

明细科目：　　　　　　　　　　　　　　　　　　　　　　　　　单位:元

年		凭证字号	摘要	借方	贷方	余额		借　　　　　方			
月	日					方向	金额				

表 1-3-11

原材料明细分类账（数量金额式）

材料名称：　　　　　　　　　　　　　　　　　　　　　　　　　计量单位：

年		凭证号数	摘　　要	收　　入			发　　出			结　　存		
月	日			数量	单价	金额	数量	单价	金额	数量	单价	金额

（3）总分类账的格式（见表 1-3-12）。

表 1-3-12

总 分 类 账

会计科目名称或编号 ....

年		凭证号数	摘　　要	借　方	贷　方	借或贷	余　额
月	日						

五、实训资料

第二章中所填制的记账凭证和科目汇总表。

第三节　银行存款余额调节表编制实训

一、实训目的

通过实训，掌握银行存款余额调节表的编制。

二、实训要求

根据广州远大有限责任公司 2019 年 1 月份的银行存款日记账和其开户行转来的银行对账单的记录，找出未达账项，并编制 2019 年 1 月份的银行存款余额调节表。

三、实训提示

将广州远大有限责任公司 2019 年 1 月份的银行存款日记账和银行对账单记录逐笔勾对，找出未达账项并判断未达账项的类型，按照补记收付调节法编制银行存款余额调节表，核对调节后的余额。

四、实训资料

广州远大有限责任公司 2019 年 1 月份的银行存款日记账和银行存款对账单资料见表1-3-13至表 1-3-15。

表 1-3-13

银行存款日记账

| 2019年 | | 凭证 字号 | 摘　　要 | 对方科目 | 结算凭证 | | 借方 | 贷方 | 结余 |
月	日				种类	编号			
1	1		上年结转						300 000.00
1	1	银收1	阳光公司归来欠款	应收账款			150 000.00		450 000.00
1	1	银付1	提现	库存现金				5 000.00	445 000.00
1	3	银付2	采购原材料	原材料、应交税费——应交增值税				71 340.00	373 660.00
1	4	银收2	销售产品	主营业务收入、应交税费——应交增值税			238 960.00		612 620.00
1	7	银付3	购买办公桌,办公柜	周转材料				1 240.00	611 380.00
1	18	银付4	支付前欠货款	应付账款				58 000.00	553 380.00
1	25	银收3	交存现金	库存现金			5 000.00		558 380.00
1	31	银付5	支付本月电费	制造费用、管理费用、应交税费——应交增值税				13 340.00	545 040.00
1	31	银付6	代天成公司支付运费	应收账款				900.00	544 140.00
1	31	银付7	支付借款利息	财务费用				1 000.00	543 140.00
1	31	银付8	支付电视台广告费	销售费用				20 000.00	523 140.00
1	31	银收4	收到天成公司购货款	应收账款			183 020.00		706 160.00

表 1-3-14

中国工商银行客户存款对账单

2019 年 01 月

账号：1704026856　　　户名：郑州远大有限责任公司　　　单位：元

日 期	凭证种类	摘 要	借 方	贷 方	借/贷	余 额
01-01		月初余额			借	300 000.00
01-01	转账支票	收到外欠款	150 000.00		借	450 000.00
01-02	转账支票	收到销货款	238 960.00		借	688 960.00
01-05	转账支票	购买用具		1 240.00	借	687 720.00
01-08	现金支票	提现金		5 000.00	借	682 720.00
01-10	电汇	货款		58 000.00	借	624 720.00
01-10	转账支票	货款		71 340.00	借	553 380.00
01-28	电汇	前欠货款	15 000.00		借	568 380.00
01-31	转账支票	支付广告费		20 000.00	借	548 380.00
01-31	转账支票	借款利息		1 000.00	借	547 380.00
01-31	委托收款	支付水费		12 300.00	借	535 080.00
01-31	委托收款	交电费		13 340.00	借	521 740.00

表 1-3-15

银行存款余额调节表

年 月 日

项 目	金 额	项 目	金 额
企业银行存款账面余额		银行对账单余额	
加：银行已收，企业未收		加：企业已收，银行未收	
减：银行已付，企业未付		减：企业已付，银行未付	
调节后的余额		调节后的余额	

第四节　错账更正实训

一、实训目的

通过实训，进一步理解和掌握错账的正确更正方法。

二、实训要求

（1）根据实训资料，进行凭证核对、账证核对、检查存在的错误。

（2）对于存在的错误，判断错误的性质和应采用的更正方法。

（3）用正确的更正方法改正存在的错误。

三、实训提示

在实训前学习《企业会计准则第 28 号——会计政策、会计估计和差错更正》及附录《会计基础工作规范》中关于差错更正的要求，领会相关的规定。

四、实训资料

根据广州远大有限责任公司 2019 年 1 月份发生的经济业务所填制的会计凭证及登记的账簿的有关资料。其中"管理费用"总账相关业务已全部登记入账，现有几项经济业务的记账凭证和相关账簿资料如表 1-3-16 至表 1-3-25 所示。其他业务无误（略）。

（1）1 月 6 日，向市百货超市购买办公用品一批：钢笔 10 支，单价 12 元；圆珠笔 20 支，单价 1.5 元；笔记本 20 本，单价 2 元，行政办公室直接领用。用现金支付。要求：代对方填写普通发票一张。

原始凭证略，记账凭证见表 1-3-16 付款凭证。

表 1-3-16

付 款 凭 证

现付字第 02 号

贷方科目：库存现金　　　　　2019 年 01 月 06 日

摘　要	借 方 科 目		金　额	√
	一级科目	二级或明细科目		
购买办公用品	管理费用	办公用品	190.00	√
合　计			￥190.00	

附件 1 张

会计主管：张 山　记账：刘 明　出纳：李 梅　复核：张 山　制单：李 梅

（2）1 月 10 日，业务员李一国报销差旅费，时间 8 天，差旅费单据：火车票 2 张、每张金额 488 元，市内出租车票 12 张、金额 98 元，住宿费收据 1 张、1 月 3 日 22：00 入住、住宿 6 天、一天 120 元、房间号 826 号，往返路上时间 48 小时。报销标准：车船及市内交通费实报实销，住宿费每天标准为 100 元，伙食费补助标准每天为 50 元，夜间乘车硬坐超过 8 个小时另补助该车票价的 60%（坐火车夜间均超过 8 个小时）。多余款收回。要求：填制住宿发票，差旅费报销单，收款收据。

原始凭证略，记账凭证见表 1-3-17 转账凭证。

表 1-3-17

转 账 凭 证

转字第 01 号

2019 年 01 月 10 日

摘 要	会 计 科 目		借方金额	贷方金额	√
	一级科目	二级或明细科目			
业务员去乌鲁木齐	管理费用	差旅费	2 759.60		√
参加商品订货会	其他应收款	李一国		2 759.60	√
合 计			￥2 759.60	￥2 759.60	

附件 3 张

会计主管：**张 山**　　记账：**刘 明**　　复核：**张 山**　　制单：**刘 明**

(3) 1 月 31 日,收到开户行转来的本月电费委托收款凭证,本月用电量 15 131.50 度,每度电价 0.76 元,计款 11 500 元,立即转账支付(单位名称:广州市电业局番禺分局,地址:光明北路 1 号,开户行:工行广州支行,账号:1002003005,抄表日期:本月本日,抄表员王五。其中:车间用电量 12 500 度,计 9 500 元,厂部用电量 2 631.50 度,计 2 000 元)。要求:代对方填写委托收款凭证、增值税专用发票,填写电费分配表、转账支票。原始凭证略,记账凭证见表 1-3-18 付款凭证。

表 1-3-18

付 款 凭 证

银付字第 05 号

贷方科目：**银行存款**　　　　2019 年 01 月 31 日

摘 要	借 方 科 目		金 额	√
	一级科目	二级或明细科目		
支付本月电费	制造费用	电费	9 500.00	√
	管理费用	电费	2 000.00	√
	应交税费	应交增值税——进项税额	1 840.00	√
合 计			￥13 340.00	

附件 4 张

会计主管：**张 山**　　记账：**刘 明**　　出纳：**李 梅**　　复核：**张 山**　　制单：**李 梅**

(4) 1 月 31 日,签发转账支票,支付市电视台广告费 20 000 元。要求:代对方填写普通发票,填写转账支票。

原始凭证略,记账凭证见表 1-3-19 付款凭证。

表 1-3-19

付 款 凭 证

银付字第 08 号

贷方科目：**银行存款**　　　　2019 年 01 月 31 日

摘 要	借 方 科 目		金 额	√
	一级科目	二级或明细科目		
支付市电视台广告费	管理费用	广告费	20 000.00	√
合 计			￥20 000.00	

附件 2 张

会计主管：**张 山**　　记账：**刘 明**　　出纳：**李 梅**　　复核：**张 山**　　制单：**李 梅**

表 1-3-20

总 分 类 账

会计科目名称或编号　**管理费用**

2019年		凭证号数	摘　要	借　方	贷　方	借或贷	余　额
月	日						
1	6	现付2	购买办公用品	160.00		借	160.00
1	10	转字1	李一国报销差旅费	2 759.60		借	2 919.60
1	31	银付字5	支付电费	1 000.00		借	3 919.60
1	31	银付字8	支付库市广告费	20 000.00		借	23 919.60
1	31	转字5	分配工资费用	1 200.00		借	25 119.60

表 1-3-21

总 分 类 账

会计科目名称或编号　**库存现金**

2019年		凭证号数	摘　要	借　方	贷　方	借或贷	余　额
月	日						
1	1		上年结转			借	3 000.00
1	1	现收字1	从银行提取现金	5 000.00		借	8 000.00
1	2	现付字1	李一国出差借支		3 000.00	借	5 000.00
1	5	现收字2	罚仓库保管员李红责任事故款	258.00		借	5 258.00
1	6	现付字2	购买办公用品		160.00	借	5 098.00
1	10	现收字3	李一国报销多余现金交回	340.40		借	5 438.40
1	25	现付字3	将现金交存银行		5 000.00	借	438.40

表 1-3-22

总 分 类 账

会计科目名称或编号　**其他应收款**

2019年		凭证号数	摘　要	借　方	贷　方	借或贷	余　额
月	日						
1	2	现付1	李一国预借差旅费	3 000.00		借	3 000.00
1	10	转字1	李一国去乌鲁木齐报销		2 759.60	借	240.40

表 1-3-23

总 分 类 账

会计科目名称或编号　制造费用

2019 年		凭证号数	摘　要	借 方	贷 方	借或贷	余 额
月	日						
1	31	银付字 5	支付车间本月电费	9 500.00		借	9 500.00
1	31	转字 5	分配工资费用	2 500.00		借	12 000.00
1	31	转字 7	结转本月制造费用		12 000.00		平

表 1-3-24

总 分 类 账

会计科目名称或编号　银行存款

2019 年		凭证号数	摘　要	借 方	贷 方	借或贷	余 额
月	日						
1	1		上年结转			借	300 000.00
1	1	银收字 1	收到阳光公司购货款	150 000.00		借	450 000.00
1	1	银付字 1	提现		5 000.00	借	445 000.00
1	3	银付字 2	支付购货款		71 340.00	借	373 660.00
1	4	银收字 2	收到销货款	238 960.00		借	612 620.00
1	7	银付字 3	付购买办公用品款		1 240.00	借	611 380.00
1	18	银付字 4	归还购货款		58 000.00	借	553 380.00
1	25	银收字 3	交现金	5 000.00		借	558 380.00
1	31	银付字 5	支付本月电费		12 340.00	借	546 040.00
1	31	银付字 6	代天成公司垫支运费		900.00	借	545 140.00
1	31	银付字 7	支付本月贷款利息		1 000.00	借	544 140.00
1	31	银付字 8	支付本月本市广告费		20 000.00	借	524 140.00
1	31	银收字 4	收到销货款	183 020.00		借	707 160.00

表 1-3-25

总 分 类 账

会计科目名称或编号　销售费用

	年	凭证号数	摘　要	借 方	贷 方	借或贷	余 额
月	日						

五、实训结果提示

（1）第一笔业务凭证没有错误，过账时错记为"160.00"元，采用划线更正法更正。

（2）第二笔业务记账凭证实记金额大于应记金额，采用红字更正法，冲销多记金额100元。

（3）第三笔业务记账凭证实记金额小于应记金额，采用补充登记法，补记少记的金额200元。

（4）第四笔业务用错会计科目，该笔广告费应记入"销售费用"账户，采用红字更正法，冲销原错误记录，并编制正确的记账凭证和据以登记入账。

重点说明：会计核算要求账簿登记清晰、准确，但在实际工作中，由于各种原因，账目难免会出现错漏。因此，需要经常进行对账，定期做好对账工作，做到账账相符、账实相符。

第五节　期末转账与结账实训

一、实训目的

期末转账与结账是总结会计主体某一会计期间的经济活动情况，考核经营成果，编制会计报表的需要，因此期末转账与结账是对会计记录的总结，是编制会计报表的前提。通过实训，使学生掌握期末转账与结账的内容、程序和方法，熟悉各项具体操作。

二、实训要求

在本章第二节"账簿登记实训"中总账和明细账登记的基础上，首先确保所有业务均已登记入账，然后进行期末转账和结账。步骤为：

（1）编制期末转账前的试算平衡表，验证账簿记录是否正确。

（2）将损益类账户结转到"本年利润"账户。

（3）计算应交所得税，假设该公司适用的所得税税率为25%，没有纳税调整事项，计算本月应交所得税，编制会计凭证，并结转到"本年利润"账户。

（4）对各类账户进行月末结账。

（5）编制结账后的试算平衡表。

三、实训提示

结账的具体做法参见附录《会计基础工作规范》中的要求。

四、实训资料

（1）本章第二节"账簿登记实训"中设置并登记的账簿资料。

（2）试算平衡表见表1-3-26和表1-3-27。

表 1-3-26

试算平衡表（结转前）

年　月　日　　　　　　　　　　　　　单位：元

账户名称	期初余额		本期发生额		期末余额	
	借　方	贷　方	借　方	贷　方	借　方	贷　方

表 1-3-27

试算平衡表（结转后）

年　月　日　　　　　　　　　　　　　单位：元

账　户　名　称	借　方　余　额	账　户　名　称	贷　方　余　额

五、实训结果提示

填列好的结转前和结转后的试算平衡表见表 1-3-28 和表 1-3-29。

表 1-3-28

试算平衡表（结转前）

2019 年 01 月 31 日　　　　　　　　　　　　　　　　　单位：元

账户名称	期初余额		本期发生额		期末余额	
	借　方	贷　方	借　方	贷　方	借　方	贷　方
库存现金	3 000.00		5 598.40	8 190.00	408.40	
银行存款	300 000.00		576 980.00	170 820.00	706 160.00	
应收票据	15 000.00				15 000.00	
应收账款	150 000.00		183 020.00	333 020.00		
其他应收款			3 000.00	3 000.00		
原材料	189 000.00		61 500.00	218 700.00	31 800.00	
周转材料	3 600.00		1 240.00		4 840.00	
生产成本	20 000.00		247 000.00	267 000.00		
库存商品	185 201.00		267 000.00	254 792.60	197 408.40	
固定资产	4 794 799.00		120 000.00		4 914 799.00	
主营业务成本			254 792.60		254 792.60	
税金及附加			4 640.00		4 640.00	
销售费用			20 000.00		20 000.00	
管理费用			6 049.60		6 049.60	
财务费用			1 000.00		1 000.00	
短期借款		100 000.00				100 000.00
应付账款		58 000.00	58 000.00			
应付职工薪酬				20 000.00		20 000.00
应交税费			11 680.00	62 720.00		51 040.00
实收资本		4 541 450.00				4 541 450.00
制造费用			12 000.00	12 000.00		
盈余公积		251 890.00				251 890.00
利润分配		196 260.00				196 260.00
累计折旧		513 000.00				513 000.00
主营业务收入				363 000.00		363 000.00
营业外收入				120 258.00		120 258.00
合　计	5 660 600.00	5 660 600.00	1 833 500.60	1 833 500.60	6 156 898.00	6 156 898.00

表 1-3-29

试算平衡表（结转后）

2019 年 01 月 31 日　　　　　　　　　　　　　　单位：元

账 户 名 称	借 方 余 额	账 户 名 称	贷 方 余 额
库存现金	408.40	短期借款	100 000.00
银行存款	706 160.00	应付职工薪酬	20 000.00
应收票据	15 000.00	应交税费	100 233.95
原材料	31 800.00	实收资本	4 541 450.00
周转材料	4 840.00	盈余公积	251 890.00
库存商品	197 408.40	本年利润	147 581.85
固定资产	4 914 799.00	利润分配	196 260.00
		累计折旧	513 000.00
合　计	5 870 415.80	合　计	5 870 415.80

第四章 编制会计报表实训

一、实训目的

会计报表是综合反映会计主体财务状况和经营成果的书面文件,它是根据日常会计核算资料归类、整理和汇总后编制形成的,是会计核算的最终成果。通过实训,使学生明确资产负债表和利润表的理论基础,熟悉资产负债表、利润表的基本结构和填制资料来源,掌握资产负债表、利润表编制和报送的基本操作技能(现金流量表等其他会计报表不在实训范围内)。

二、实训要求

在第三章第五节"期末转账与结账实训"基础上,根据已知资料编制 2019 年 1 月 31 日的资产负债表和 2019 年 1 月份的利润表。

三、实训提示

(1)资产负债表是根据期末余额资料编制的静态报表。在编制过程中,注意报表中特殊项目的列示方法。

(2)利润表是根据企业报告期发生额资料编制的动态报表。在编制过程中,注意报表中特殊项目的列示方法。

四、实训资料

(1)本实训是在第三章第二节"账簿登记实训"和第五节"期末转账与结账实训"基础上的连续。

(2)资产负债表见表 1-4-1。

(3)利润表见表 1-4-2。

表 1-4-1

资 产 负 债 表

会企 01 表

编制单位:　　　　　　　　　____年___月___日　　　　　　　　单位:元

资　　　　　产	期末余额	年初余额	负债和所有者权益(或股东权益)	期末余额	年初余额
流动资产:			流动负债:		
货币资金			短期借款		
交易性金融资产			交易性金融负债		

（续表）

资　　产	期末余额	年初余额	负债和所有者权益（或股东权益）	期末余额	年初余额
衍生金融资产			衍生金融负债		
应收票据及应收账款			应付票据及应付账款		
预付款项			预收款项		
其他应收款			合同负债		
存 货			应付职工薪酬		
合同资产			应交税费		
持有待售资产			其他应付款		
一年内到期的非流动资产			持有待售负债		
其他流动资产			一年内到期的非流动负债		
流动资产合计			其他流动负债		
非流动资产：			流动负债合计		
债权投资			非流动负债：		
其他债权投资			长期借款		
长期应收款			应付债券		
长期股权投资			其中：优先股		
其他权益工具投资			永续债		
其他非流动金融资产			长期应付款		
投资性房地产			预计负债		
固定资产			递延收益		
在建工程			递延所得税负债		
生产性生物资产			其他非流动负债		
油气资产			非流动负债合计		
无形资产			负债合计		
开发支出			所有者权益（或股东权益）：		
商誉			实收资本（或股本）		
长期待摊费用			其他权益工具		
递延所得税资产			其中：优先股		
其他非流动资产			永续债		
非流动资产合计			资本公积		
			减：库存股		
			其他综合收益		
			盈余公积		
			未分配利润		
			所有者权益（或股东权益）合计		
资产总计			负债和所有者权益（或股东权益）总计		

表 1-4-2

利 润 表

会企 02 表

编制单位：　　　　　　　　　　　　　_____年___月　　　　　　　　　　单位：元

项　　　　　目	本 期 金 额	上 期 金 额
一、营业收入		
减：营业成本		
税金及附加		
销售费用		
管理费用		
研发费用		
财务费用		
其中:利息费用		
利息收入		
资产减值损失		
信用减值损失		
加：其他收益		
投资收益(损失以"－"号填列)		
其中:对联营企业和合营企业的投资收益		
净敞口套期收益(损失以"－"号填列)		
公允价值变动收益(损失以"－"号填列)		
资产处置收益(损失以"－"号填列)		
二、营业利润(亏损以"－"号填列)		
加：营业外收入		
减：营业外支出		
三、利润总额(亏损总额以"－"号填列)		
减：所得税费用		
四、净利润(净亏损以"－"号填列)		
(一)持续经营净利润(净亏损以"－"号填列)		
(二)终止经营净利润(亏损以"－"号填列)		
五、其他综合收益的税后净额		
(一)不能重分类进损益的其他综合收益		
1.重新计量设定受益计划变动额		

（续表）

项　目	本 期 金 额	上 期 金 额
2. 权益法下不能转损益的其他综合收益		
3. 其他权益工具投资公允价值变动		
4. 企业自身信用风险公允价值变动		
……		
（二）将重分类进损益的其他综合收益		
1. 权益法下可转损益的其他综合收益		
2. 其他债权投资公允价值变动		
3. 金融资产重分类计入其他综合收益的金额		
4. 其他债权投资信用减值准备		
5. 现金流量套期储备		
6. 外币财务报表折算差额		
……		
六、综合收益总额		
七、每股收益：		
（一）基本每股收益		
（二）稀释每股收益		

五、实训结果提示

填列好的资产负债表和利润表见表 1-4-3 和表 1-4-4。

表 1-4-3

资 产 负 债 表

会企 01 表

编制单位：**广州远大有限责任公司**　　**2019** 年 **01** 月 **31** 日　　　　单位：**元**

资　产	期末余额	年初余额	负债和所有者权益（或股东权益）	期末余额	年初余额
流动资产：			流动负债：		
货币资金	706 568.40	303 000.00	短期借款	100 000.00	100 000.00
交易性金融资产			交易性金融负债		
衍生金融资产			衍生金融负债		
应收票据及应收账款	15 000.00	165 000.00	应付票据及应付账款		58 000.00
预付款项			预收款项		
其他应收款			合同负债		

（续表）

资　　产	期末余额	年初余额	负债和所有者权益（或股东权益）	期末余额	年初余额
存　货	234 048.40	397 801.00	应付职工薪酬	20 000.00	
合同资产			应交税费	100 233.95	
持有待售资产			其他应付款		
一年内到期的非流动资产			持有待售负债		
其他流动资产			一年内到期的非流动负债		
流动资产合计	955 616.80	865 801.00	其他流动负债		
非流动资产：			流动负债合计	220 233.95	158 000.00
债权投资			非流动负债：		
其他债权投资			长期借款		
长期应收款			应付债券		
长期股权投资			其中:优先股		
其他权益工具投资			永续债		
其他非流动金融资产			长期应付款		
投资性房地产			预计负债		
固定资产	4 401 799.00	4 281 799.00	递延收益		
在建工程			递延所得税负债		
生产性生物资产			其他非流动负债		
油气资产			非流动负债合计		
无形资产			负债合计	220 233.95	158 000.00
开发支出			所有者权益(或股东权益)：		
商誉			实收资本(或股本)	4 541 450.00	4 541 450.00
长期待摊费用			其他权益工具		
递延所得税资产			其中:优先股		
其他非流动资产			永续债		
非流动资产合计	4 401 799.00	4 281 799.00	资本公积		
			减:库存股		
			其他综合收益		
			盈余公积	251 890.00	251 890.00
			未分配利润	343 841.85	196 260.00
			所有者权益(或股东权益)合计	5 137 181.85	4 989 600.00
资产总计	5 357 415.80	5 147 600.00	负债和所有者权益(或股东权益)总计	5 357 415.80	5 147 600.00

表 1-4-4

利 润 表

会企 02 表

编制单位：广州远大有限责任公司　　　2019 年 01 月　　　　　单位：元

项　　　　目	本 期 金 额	上 期 金 额
一、营业收入	363 000.00	（略）
减：营业成本	254 792.60	
税金及附加	4 640.00	
销售费用	20 000.00	
管理费用	6 049.60	
研发费用	1 000.00	
财务费用		
其中:利息费用		
利息收入		
资产减值损失		
信用减值损失		
加:其他收益		
投资收益(损失以"—"号填列)		
其中:对联营企业和合营企业的投资收益		
净敞口套期收益(损失以"—"号填列)		
公允价值变动收益(损失以"—"号填列)		
资产处置收益(损失以"—"号填列)		
二、营业利润(亏损以"—"号填列)	76 517.80	
加：营业外收入	120 258.00	
减：营业外支出		
三、利润总额(亏损总额以"—"号填列)	196 775.80	
减：所得税费用	49 193.95	
四、净利润(净亏损以"—"号填列)	147 581.85	
（一）持续经营净利润(净亏损以"—"号填列)		
（二）终止经营净利润(净亏损以"—"号填列)		
五、其他综合收益的税后净额		
（一）不能重分类进损益的其他综合收益		
1. 重新计量设定受益计划变动额		

（续表）

项　　目	本　期　金　额	上　期　金　额
2. 权益法下不能转损益的其他综合收益		
3. 其他权益工具投资公允价值变动		
4. 企业自身信用风险公允价值变动		
······		
（二）将重分类进损益的其他综合收益		
1. 权益法下可转损益的其他综合收益		
2. 其他债权投资公允价值变动		
3. 金融资产重分类计入其他综合收益的金额		
4. 其他债权投资信用减值准备		
5. 现金流量套期储备		
6. 外币财务报表折算差额		
······		
六、综合收益总额		
七、每股收益：		
（一）基本每股收益		
（二）稀释每股收益		

重点说明：企业编制的会计报表应当真实可靠、相关可比、全面完整、编报及时、易于理解。

注：假定所得税税率为25％。

2 第二篇 综合模拟实训

一、模拟实训企业简介(模拟企业及其经济业务纯属虚构)

(一)基本情况

企业名称:郑州大象食品有限公司

地址:郑州市二七区花园路 110 号

邮编:451010

法人代表:张人杰

开户银行:中国工商银行郑州分行

账号:03716610011

税务登记证号:112233567890110

记账本位币:人民币(RMB)

企业其他情况:食品类生产加工法人企业,属中小型企业,为增值税一般纳税人,增值税税率为16%;设一个基本生产车间,生产方便面和龙须面两种产品;采用科目汇总表核算程序;原材料按实际成本法核算,发出商品成本核算采用加权平均法,固定资产采用分类折旧率计算折旧,无形资产摊销期10年,企业所得税会计核算采用应付税款法,所得税税率为25%,当月投产的产品当月完工,月末没有在产品。核定的库存现金限额为5 000元,日常开支审批程序:部门主管初审签字—企业法人代表终审签字,100 元以下日常开支审批程序:部门主管初审签字—财务主管终审签字。

(二)有关档案

有关档案见表 2-1 至表 2-3。

表 2-1

供 应 商 档 案

编 号	单 位 名 称	开户银行	账 号	税务登记证号
01	郑州海天面粉有限公司	工行郑南支行	1002288009	222000111400500
02	广西民生植物油公司	商行北海支行	7002118881	600066641221133
03	郑州美味调料品商行	工行郑州分行	1110003232	100221100330011

表2-2

客户往来档案

编 号	单 位 名 称	开户银行	账 号	税务登记证号
01	河南利民贸易公司	工行郑州分行	1110022555	100331102200333
02	南阳大明贸易公司	商行南阳分行	3003366006	037755660011100
03	郑州阳光粮油店	商行郑北支行	5800443688	037188833300012

表2-3

郑州大象食品有限公司职员档案

职 员 编 号	职 员 名 称	职 务	所 属 部 门
01	张人杰	总经理	公司办公室
02	刘天庆	副总经理	公司办公室
03	李士敏	办公室主任	公司办公室
04	王 娟	办公室秘书	公司办公室
05	王大力	账务部经理	财务部
06	赵中华	会计主管	财务部
07	张迪海	出纳	财务部
08	王 楠	供应部经理	供应部
09	杨宏天	采购员	供应部
10	杨 兰	仓库负责人	供应部
11	江 山	保管员	供应部
12	刘付才	生产部经理	生产部
13	孙天富	生产部职员	生产部
14	李 强	销售部经理	销售部
15	李红洋	销售部业务员	销售部
16	其他职员	（略）	（略）

二、实训目的

基础会计综合模拟实训是在各单项模拟实训的基础上进行的,其目的是使学生对会计实务中的各种原始凭证和记账凭证,尤其是对记账凭证的填写和编制、不同格式账簿的登记和结账等一系列的会计基础工作,有一个系统、全面的认识,最终将学生所学的基础会计知识转化为对会计实务的基本操作能力,为进一步学习财务会计打下坚实的基础。

三、实训要求

根据给出的企业资料,采用科目汇总表账务处理程序对该企业 2018 年 12 月的经济业务进行账务处理。

（1）设置各类账簿，过入期初余额。

（2）根据经济业务，填制和审核原始凭证。

（3）根据原始凭证，编制记账凭证。

（4）根据记账凭证，登记日记账和相关明细账。

（5）根据记账凭证，编制科目汇总表（按旬汇总）。

（6）根据科目汇总表，登记总账。

（7）核对总账和日记账、总账和明细账。

（8）编制期末结账前的试算平衡表。

（9）进行期末转账和结账。

（10）编制结账后的试算平衡表。

（11）编制资产负债表和利润表。

（12）装订凭证和账簿。

四、实训提示

首先应熟悉企业的概况，复习科目汇总表账务处理程序的要求和做法；其次按照程序的步骤进行相关的账务处理。

五、实训资料

（一）总账及明细账余额

该企业 2018 年 11 月 30 日总账及明细账余额见表 2-4 至表 2-13。

表 2-4

总分类账余额表

单位：元

账 户 名 称	账 户 余 额	账 户 名 称	账 户 余 额
库存现金	5 000.00	短期借款	500 000.00
银行存款	360 000.00	应付账款	103 896.00
应收账款	53 913.60	其他应付款	600.00
其他应收款	2 364.00	应付职工薪酬	34 720.00
原材料	246 400.00	应交税费	16 980.00
库存商品	482 976.00	应付利息	10 000.00
周转材料	18 920.00	实收资本	954 837.00
预付账款	600.00	资本公积	23 000.00
固定资产	1 845 760.00	盈余公积	250 300.60
无形资产	250 000.00	本年利润	470 000.00
		利润分配	190 000.00
		累计折旧	586 600.00
		累计摊销	125 000.00
合　　计	3 265 933.60	合　　计	3 265 933.60

注：其他应收款是公司为职工代垫的水电费。

表 2-5

原材料明细账户

材料名称	数 量	单 价(元)	金 额(元)
面 粉(吨)	50	2 200	110 000.00
棕榈油(吨)	10	11 600	116 000.00
调味料(箱)	30	680	20 400.00

表 2-6

库存商品明细账户

产品名称	数 量(箱)	单 价(元)	金 额(元)
方便面	12 320	28.80	354 816.00
龙须面	5 340	24.00	128 160.00

表 2-7

周转材料明细账户

品 名	规 格	单 位	数 量	单价(元)	金额(元)
油 桶	1×0.6	只	30	460.00	13 800.00
办公桌	三斗两开	张	16	320.00	5 120.00

表 2-8

应收账款明细账户

单 位	金 额(元)
利民贸易公司	37 065.60
大明贸易公司	16 848.00

表 2-9

应付账款明细账户

单 位	金 额(元)
海天面粉有限公司	36 036.00
民生植物油公司	67 860.00

表 2-10

应付职工薪酬明细账户

明 细 账 户	金 额（元）
工资	28 000.00
住房公积金	280.00
社会保险费	3 920.00

表 2-11

应交税费明细账户

明 细 账 户	金 额（元）
应交增值税	9 800.00
应交城市维护建设税	686.00
应交教育费附加	294.00
应交所得税	6 200.00

表 2-12

预付账款明细账户

项 目	金 额（元）
报刊费	600.00

表 2-13

应付利息明细账户

项 目	金 额（元）
借款利息	10 000.00

表 2-14

其他应付款明细账户

单位（个人）	金 额（元）	备 注
郑州阳光粮油店	600.00	出租两只油桶的押金

（二）原始凭证

郑州大象有限公司 2018 年 12 月份发生的经济业务如下：

（1）2 日，从银行提取现金备用（原始凭证见表 2-15）。

（2）4 日，用现金预付销售部业务员李红洋差旅费（原始凭证见表 2-16）。

（3）4 日，生产车间领用材料（原始凭证见表 2-17 和表 2-18）。

（4）5 日，上交上月税款（原始凭证见表 2-19 至表 2-22）。

（5）6 日，收到购货单位前欠货款存银行（原始凭证见表 2-23 和表 2-24）

（6）7 日，用现金购买办公用品，各部门已领（原始凭证见表 2-25 和表 2-26）。

（7）8 日，从银行提现金以备发工资（原始凭证见表 2-27）。

（8）8 日，发放上月职工工资（原始凭证见表 2-28）。

（9）9 日，采购原材料，验收入库（原始凭证见表 2-29 至表 2-31）。（发票抵扣联略，以下同）。

（10）10 日，销售商品（原始凭证见表 2-32 至表 2-34）。

（11）11 日，销售商品（原始凭证见表 2-35 至表 2-37）。

（12）13 日，支付广告费（原始凭证见表 2-38 和表 2-39）。

（13）15 日，李红洋报销差旅费（原始凭证见表 2-40 至表 2-44）。

（14）16 日，支付电话费（原始凭证见表 2-45 和表 2-46）。

（15）18 日，支付前欠购货款（原始凭证见表 2-47）。

（16）19 日，销售面粉（原始凭证见表 2-48 和表 2-50）。

（17）20 日，职工孙天富上交的罚款（原始凭证见表 2-51）。

（18）23 日，采购原材料，验收入库款未付（原始凭证见表 2-52 和表 2-53）。

（19）25 日，生产领用原材料（原始凭证见表 2-54 和表 2-55）。

（20）26 日，上交职工的住房公积金、社会保险金、个人所得税（包括代扣个人部分，注：单位上缴以当月职工工资为基数，分别为住房公积金 10%；社会保险金 14%）（原始凭证见表 2-56 至表 2-57）。

（21）26 日，接受某外商捐赠畅想牌计算机 10 台，每台市价为 4 600 元，人民币现金 250 000 元，假设不考虑所得税和增值税（原始凭证见表 2-58 至表 2-60）。

（22）26 日，通过希望工程基金会向灾区捐款人民币 30 000 元（原始凭证见表 2-61 和表 2-62）。

（23）26 日，收到南阳大明贸易公司前欠货款存银行（原始凭证见表 2-63）。

（24）26 日，支付前欠郑州海天面粉有限公司的购货款（原始凭证见表 2-64 和表 2-65）。

（25）27 日，购入全新固定资产车床一台（原始凭证见表 2-66～表 2-68）。

（26）27 日，预订下年度的报刊，用银行存款支付（原始凭证见表 2-69 和表 2-70）。

（27）27 日，盘点现金长款 620 元，经批准计入营业外收入（原始凭证见表 2-71 和表 2-72）。

（28）27 日，盘点发现盘亏面粉 6 袋，计 150 千克，龙须面盘亏 3 箱，经调查，盘亏的面粉和龙须面是因保管员的失职造成的(原始凭证见表 2-73)。

(29) 28 日,将零售方便面,龙须面收到的现金交存银行,并结转销售收入(原始凭证见表2-74 至表 2-78)。

(30) 28 日,支付本月水电费(原始凭证见表 2-79 至表 2-83)。

(31) 28 日,摊销本月报刊费(原始凭证见表 2-84)。

(32) 29 日,销售产品(原始凭证见表 2-85 至表 2-87)。

(33) 30 日,支付本月银行借款利息(注:银行按季收取利息)(原始凭证见表 2-88)。

(34) 31 日,结算本月职工工资(原始凭证见表 2-89)。

(35) 31 日,本月各部门实际发生职工福利费如表(注:职工福利费现行政策是:按实际发生数列支,实际列支数上限是职工工资总额的 14%)(原始凭证见表 2-90)。

(36) 31 日,计提本月工会经费和职工教育经费(原始凭证见表 2-91)。

(37) 31 日,郑州阳光粮油店归还所借油桶,退还其押金(原始凭证见表 2-92)。

(38) 31 日,计提本月固定资产折旧(原始凭证见表 2-93)。

(39) 31 日,无形资产摊销额计算表(原始凭证见表 2-94)。

(40) 31 日,分配制造费用(原始凭证见表 2-95)。

(41) 31 日,结转入库的完工产品的成本,方便面为 10 000 箱,龙须面为 5 000 箱(原始凭证见表2-96至表 2-98)。

(42) 31 日,结转本月销售成本(原始凭证见表 2-99 和表 2-100)。

(43) 31 日,计算应交增值税(原始凭证见表 2-101)。

(44) 31 日,计算应交教育费附加(税率 3%)和应交城市维护建设税(税率 7%)(原始凭证见表2-102 和表 2-103)。

(45) 31 日,编制科目汇总表;登记总分类账。

(46) 31 日,结转各损益类账户(原始凭证见表 2-104)。

(47) 31 日,根据本月利润总额,按 25%的税率计算结转应交所得税(原始凭证见表 2-105)。

(48) 31 日,按税后利润的 10%提取盈余公积(原始凭证见表 2-106)。

(49) 31 日,按可供分配利润的 60%向投资者分配利润(现金股利)(原始凭证见表 2-107)。

(50) 31 日,将"利润分配"账户的其他明细账户结转至"利润分配——未分配利润"明细账户。

业务1

表 2-15

中国工商银行
现金支票存根 （豫）

Ⅶ 00131200

附加信息：

出票日期：2018 年 12 月 02 日

| 收款人：本单位 |
| 金　额：￥3 000.00 |
| 用　途：备用 |

单位主管：　会计：赵中华

业务2

表 2-16

借 款 单

2018 年 12 月 04 日　　　　　　　　№0703002

借款单位	销售部		借款人	李红洋
借款事由	去广西北海参加商品订货会			
借款金额(大写)：人民币叁仟贰佰元整			￥3 200.00	
付款方式：		借款经办人(签章)：		
单位负责人意见：张人杰	分管领导意见：李 强		会计主管审核：王大力	

注意事项：1. 凡借用公款必须使用本借款单。2. 出差返回后 3 日内办理结算。3. 本借款单一式三联，
本联为记账联。

业务 3-1

表 2-17

领 料 单

2018 年 12 月 04 日

领料部门：**车间**　　用途：**生产方便面**　　　　　　　　　　　　凭证编号：001

材料编号	材料名称	规 格	计量单位	数 量		单价（元）	金额（元）
				请 领	实 发		
10431	面粉		吨	30	30	2 200.00	66 000.00
10432	棕榈油		吨	5	5	11 600.00	58 000.00
10433	调味料		箱	10	10	680.00	6 800.00
备注：						金额合计	130 800.00

仓库主管：**杨兰**　发料：**江山**　记账：　领料人：**孙天富**　制单：**江山**　仓库（章）：

第三联 记账联

业务 3-2

表 2-18

领 料 单

2018 年 12 月 04 日

领料部门：**车间**　　用途：**生产龙须面**　　　　　　　　　　　　凭证编号：002

材料编号	材料名称	规 格	计量单位	数 量		单价（元）	金额（元）
				请 领	实 发		
10431	面粉		吨	30	20	2 200.00	44 000.00
备注：						金额合计	44 000.00

仓库主管：**杨兰**　发料：**江山**　记账：　领料人：**孙天富**　制单：**江山**　仓库（章）：

第三联 记账联

>>>>>>

业务 4-1

表 2-19

中华人民共和国
税收通用缴款书

国

(2018)郑国通缴№07039895

隶属关系：市属

注册类型：有限公司

填发日期：2018 年 12 月 05 日　征收机关：郑州市国税局市直分局

缴款单位（人）	代　码	365237411556	预算科目	编码	703083		
	全　称	郑州大象食品有限公司		名称	一般增值税		
	开户银行	工行郑州支行		级次	中央 75% 地方 17%		
	账　号	03716610011		收款国库	郑州市国库		

税款所属时期	税款限缴日期
2018 年 11 月 01 日至 2018 年 11 月 30 日	2018 年 12 月 10 日

品目名称	课税数量（箱）	计税金额或销售收入	税率或单位税额	已缴或扣除金额	实　缴　金　额										
					亿	千	百	十	万	千	百	十	元	角	分
方便面	1 258	36 230.40	16%						5	8	0	0	0	0	0
龙须面	1 040	24 960.00	16%						4	0	0	0	0	0	0
城市维护建设税	按增值税、消费税的税额征收 7%									6	8	6	0	0
教育费附加	按增值税、消费税的税额征收 3%									2	9	4	0	0
金额合计（大写）⊗⊗仟⊗佰⊗拾壹万零仟柒佰捌拾零元零角零分						￥	1	0	7	8	0	0	0

缴款单位（人）（盖章）　经办人（章）	税务机关（盖章）　填票人（章）	上列款项已收妥并划转收款单位账户　国库（银行）盖章　　年　月　日	备注

无银行收讫章无效

逾期不缴按税法规定加收滞纳金

第一联（收据）国库（经收处）收款盖章后退缴款单位（人）作完税凭证

业务 4-2

表 2-20

中华人民共和国税收缴款书

隶属关系：　　　填发日期　　2018 年 12 月 05 日

经济类型：国有　　自填发日期起限于 2018 年 12 月 10 日以前缴入国库，逾期按税法规定加收滞纳金

缴款单位	代码	00112256		征收机关	××××××××××		
	全称	郑州大象食品有限公司	预算科目	级次	××××××		
	开户银行	工行郑州支行		款	代码 0211	×××	名　称	×××
						所得税		
	账号	03716610011		项	代　码	×××	名　称	×××

款项所属期限	2018 年 11 月 01～30 日	收缴国库	××××××××××

品（项）目名称	单位	课税数量	计税金额或销售收入	税率或单位税额	已缴或扣除额	实　缴　税　额								
						千	百	十	万	千	百	十	元	角	分
所得税	元		24 800.00	25%	0					6	2	0	0	0	0

实缴税额合计	人民币（大写）陆仟贰佰元整		￥	6	2	0	0	0	0

税务机关（盖章）　填票员：	缴款单位（盖章）发票专用章	上列款项已从缴款单位账户支付并划转有关预算收入账户，收缴国库　盖章（银行）　年　月　日	会计分录　借方：　　贷方：　　转账日期　年　月　日　复核员：　　记账员：	备注

工商银行郑州支行
2018-12-05
转讫

说明：票面出现"×××"符号，表示已按实际内容填写。

业务 4-3

表 2-21

中国工商银行
转账支票存根　（豫）

Ⅶ 00963420

附加信息：

出票日期：2018 年 12 月 06 日

收款人：	市地税局直属分局
金　额：	￥6 200.00
用　途：	11 月份税款

单位主管：　会计：赵中华

业务 4-4

表 2-22

中国工商银行
转账支票存根　（豫）

Ⅶ 00963421

附加信息：

出票日期：2018 年 12 月 06 日

收款人：	市国税局直属分局
金　额：	￥10 780.00
用　途：	11 月份税款

单位主管：　会计：赵中华

业务 5-1

表 2-23

收　据

2018 年 12 月 06 日　　　　　　№017503

今收到河南利民贸易公司				第二联　收款单位记账联
人民币（大写）叁万柒仟零陆拾伍元陆角整		现金收讫	金额：￥37 065.60	
系付购货款				
收款单位签章	财务主管	王大力	收款人	张迪海

业务 5-2

表 2-24

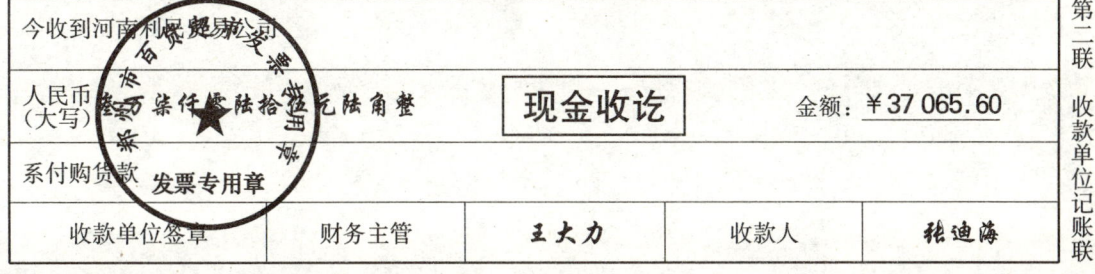

中国工商银行进账单（收账通知）　3

2018 年 12 月 06 日

出票人	全　称	河南利民贸易公司			收款人	全　称	郑州大象食品有限公司										
	账　号	1110022555				账　号	03716610011									
	开户银行	工行郑州分行				开户银行	工行郑州分行									
金额	人民币（大写）叁万柒仟零陆拾伍元陆角整						亿	千	百	十	万	千	百	十	元	角	分
										￥	3	7	0	6	5	6	0
票据种类	转账支票	票据张数	1													
票据号码																
	复核		记账				收款人开户银行签章									

工商银行郑州分行
2018-12-06
转讫

交给收款人此联是收款人开户银行通知

业务 6-1

表 2-25

河南省郑州市商业零售统一发票

发票联

客户名称：郑州大象食品有限公司　　　　　　　　　2018 年 12 月 07 日

品名规格	单位	数量	单价	万	千	百	十	元	角	分
							金	额		
灰斗	只	20	32.00			6	4	0	0	0
拖把	把	36	24.00			8	6	4	0	0
合计人民币（大写）壹仟伍佰零肆元整				￥	1	5	0	4	0	0

②发票联

单位盖章　发票专用章　　　开票人：王 虎　　　　　　收款人：朱 丽

业务 6-2

表 2-26

办公用品领用表

2018 年 12 月 07 日　　　　　　　　　　　　　　　单位：元

领用车间 或部门	领　发　数　量				金　额
	灰斗	拖把			
车　间	6	8			384.00
销售部	3	5			216.00
其他部门	11	23			904.00
合　计	20	36			1 504.00

审核：李士敏　　　　　　　　　　　制表：王 娟

业务 7

表 2-27

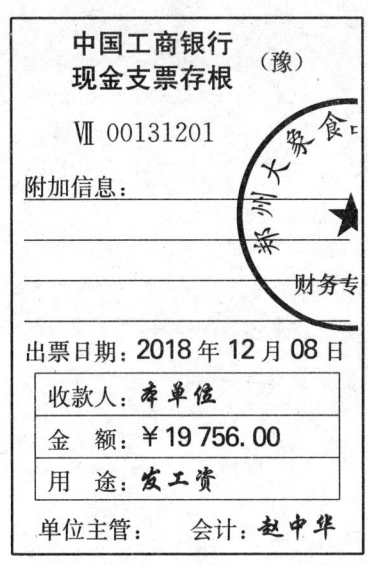

中国工商银行　（豫）
现金支票存根

Ⅶ 00131201

附加信息：

出票日期：2018 年 12 月 08 日

收款人：	本单位
金 额：	￥19 756.00
用 途：	发工资
单位主管：	会计：赵中华

业务 8

表 2-28

工 资 结 算 表

2018 年 12 月

姓 名	计时工资	计件工资	奖金	津贴补贴	加班加点	应付工资	代垫款 水电费	代扣款 住房公积金 10%	代扣款 社会保险费 11%	代扣款 个人所得税	实发工资
张人杰	1 982		150	25		2 157	215	215.7	237.27		1 489.03
刘天庆	1 765		100	20		1 885	248	188.5	207.35		1 241.15
李士敏	1 596		80	20		1 696		169.6	186.56		1 339.84
王娟	1 220		80	20		1 320	15	132.0	145.20		1 027.80
王大力	1 442		100	20	60	1 622		162.2	178.42		1 281.38
赵中华	1 363		80	20	43	1 506	324	150.6	165.66		865.74
张迪海	1 228		80	20	45	1 373	256	137.3	151.03		828.67
王楠	1 545		100	20		1 665		166.5	183.15		1 315.35
杨兰	1 354		80	20		1 454	219	145.4	159.94		929.66
江山	1 273		80	20		1 373		137.3	151.03		1 084.67
杨宏天	1 543		80	30	63	1 716	198	171.6	188.76		1 157.64
李强	1 323		80	30	25	1 458	421	145.8	160.38		730.82
李红洋	1 190		80	30	12	1 312		131.2	144.32		1 036.48
刘付才	1 264		80	30	52	1 426	253	142.6	156.86		873.54
孙天富	1 165		80	30	12	1 287	215	128.7	141.57		801.73
其他(略)		3910	680	160		4 750		475.0	522.50		3 752.50
合 计	21 253	3 910	2 010	515	312	28 000	2 364	2 800.0	3 080.00		19 756.00

业务 9-1

表 2-29

中国工商银行 转账支票存根 （豫）

Ⅶ 00963422

附加信息：

出票日期：2018 年 12 月 09 日

收款人：郑州海天面粉有限公司

金 额：￥102 080.00

用 途：采购材料

单位主管： 会计：李 明

业务 9-2

表 2-30

河南省增值税专用发票　　　№01616888

此联不作报销和抵扣凭证使用

校验码 1122264613635987　　　　　　　　　　开票日期：2018 年 12 月 09 日

<table>
<tr><td rowspan="4">购买方</td><td>名　　　称：郑州大象食品有限公司</td><td rowspan="4">密码区</td><td rowspan="4">（略）</td></tr>
<tr><td>纳税人识别号：112233567890110</td></tr>
<tr><td>地址、电话：二七区花园路 110 号</td></tr>
<tr><td>开户行及账号：工行郑州支行 03716610011</td></tr>
</table>

货物或应税劳务、服务名称	规格型号	单位	数量	单价	金　额	税率	税　额
面粉	标粉	吨	40	2 200.00	88 000.00	16%	14 080.00
合　计					￥88 000.00		￥14 080.00

价税合计（大写）	⊗ 壹拾万零贰仟零捌拾元整	（小写）￥102 080.00

<table>
<tr><td rowspan="4">销售方</td><td>名　　　称：郑州海天面粉有限公司</td><td rowspan="4">备注</td></tr>
<tr><td>纳税人识别号：222000111400500</td></tr>
<tr><td>地址、电话：邙山区项城路 20 号</td></tr>
<tr><td>开户行及账号：工行郑南支行 1002288009</td></tr>
</table>

收款人：周　楠　　　复核：程　路　　　开票人：周　楠　　　销售方（章）：

业务 9-3

表 2-31

收　料　单

2018 年 12 月 09 日

材料类别：甲

供应单位：供应部　　　　　　　　　　　　　　　仓库：一号库

发票号码：01616888　　　　　　　　　　　　　　材料科目：

材料编号	材料名称	规格	计量单位	数量 应收	数量 实收	实际成本（元）单价	实际成本（元）金额	实际成本（元）运杂费	实际成本（元）合计
10431	面粉	标粉	吨	40	40	2 200.00	88 000.00		88 000.00
合　计				40	40		88 000.00		88 000.00

仓库主管：杨　兰　　验收：杨　兰　　记账：赵中华　　交料人：李红洋　　制单：江　山　　仓库（章）：

业务 10-1

表 2-32

河南省增值税专用发票　　　№ 01616666

此联不作报销扣税凭证使用

校验码 112264613635987　　　　　　　　　　　开票日期：2014 年 12 月 10 日

| 购买方 | 名　　　称：南阳大明贸易公司
纳税人识别号：037755660011100
地址、电话：北京路 50 号
开户行及账号：商行南阳支行 3003366006 | | | | | 密码区 | （略） | | |

货物或应税劳务、服务名称	规格型号	单位	数量	单价	金　额	税率	税　额
方便面	1×24	箱	6 000	38.00	228 000.00	16%	36 480.00
龙须面	1×20	箱	3 000	32.00	96 000.00	16%	15 360.00
合　计					￥324 000.00		￥51 840.00

价税合计（大写）	⊗ 叁拾柒万伍仟捌佰肆拾元整	（小写）￥375 840.00

| 销售方 | 名　　　称：郑州大象食品有限公司
纳税人识别号：112233567890110
地址、电话：二七区花园路 110 号
开户行及账号：工行郑州支行 03716610011 | 备注 |

收款人：张迪海　　　　复核：赵中华　　　　开票人：李强　　　　销售方（章）：

业务 10-2

表 2-33

托 收 凭 证（受理回单）　　4

委托日期 2018 年 12 月 10 日　　　　　付款期限 2018 年 12 月 20 日

业务类型	委托收款（□邮划、□电划）托收承付（□邮划、☑电划）					
付款人	全称	南阳大明贸易公司		收款人	全称	郑州大象食品有限公司
	账号	3003366006			账号	03716610011
	地址	南阳市北京路 50 号	开户行	商业银行南阳分行	地址 二七区花园路 110 号	开户行 工行郑州支行

金额	人民币（大写）叁拾柒万伍仟捌佰肆拾元整	亿 千 百 十 万 千 百 十 元 角 分 　　　￥ 3 7 5 8 4 0 0 0

款项内容	销售款	托收凭证名称	增值税专用发票	附寄单证张数	1
商品发运情况	已发出		合同名称号码		3010

备注：	上列款项已划回收入你方账户内。 　　　　　　　收款人开户银行签章 　　　　　　　　年　月　日

复核　　记账

业务 10-3

表 2-34

产　品　出　库　单

2018 年 12 月 10 日

品　　名	计量单位	发出数量	备　注
方便面	箱	6 000	
龙须面	箱	3 000	

仓库负责人：杨　兰　　　　发货人：江　山　　　　经办人：李红洋

业务 11-1

表 2-35

产　品　出　库　单

2018 年 12 月 11 日

品　　名	计量单位	发出数量	备　注
方便面	箱	5 000	
龙须面	箱	2 000	

仓库负责人：杨　兰　　　　发货人：江　山　　　　经办人：李红洋

业务 11-2

表 2-36

河南省增值税专用发票　　　№01616000

此联不作报销 扣税凭证使用

校验码 112264613635556　　　　　　　　　开票日期：2018 年 12 月 11 日

购买方	名　　称：河南利民贸易公司 纳税人识别号：100331102200333 地址、电话：陇海区正阳路 3 号 开户行及账号：工行郑州分行 1110022555					密码区	（略）	
货物或应税劳务、服务名称	规格型号	单位	数量	单价	金　额	税率	税　额	
方便面	1×24	箱	5 000	38.00	190 000.00	16%	30 400.00	
龙须面	1×20	箱	2 000	32.00	64 000.00	16%	10 240.00	
合　计					￥254 000.00		￥40 640.00	
价税合计（大写）	⊗ 贰拾玖万肆仟陆佰肆拾元整				（小写）￥294 640.00			
销售方	名　　称：郑州大象食品有限公司 纳税人识别号：112233567890110 地址、电话：二七区花园路 110 号 开户行及账号：工行郑州支行 03716610011					备注		

收款人：张迪海　　　复核：赵中华　　　开票人：李　强　　　销售方（章）：

第一联：记账联　销售方记账凭证

>>>>>>

业务 11-3

表 2-37

中国工商银行进账单(收账通知)　3

2018 年 12 月 11 日

出票人	全　称	河南利民贸易公司	收款人	全　称	郑州大象食品有限公司
	账　号	1110022555		账　号	03716610011
	开户银行	工行郑州分行		开户银行	工行郑州支行

金额	人民币 (大写)	贰拾玖万肆仟陆佰肆拾元整				亿	千	百	十	万	千	百	十	元	角	分
							¥	2	9	4	6	4	0	0	0

票据种类	支　票	票据张数	1
票据号码		08112012	

工商银行郑州支行
2018-12-11
转讫

复核　　　记账

收款人开户银行签章

此联是收款人开户银行交给收款人的收账通知

业务 12-1

表 2-38

中国工商银行
转账支票存根　　(豫)

Ⅶ 00963423

附加信息：

出票日期：2018 年 12 月 13 日

收款人：河南省电视台
金　额：¥36 000.00
用　途：广告费

单位主管：　　会计：赵中华

业务 12-2

表 2-39

河南省郑州市广告业专用发票

客户名称：郑州大象食品有限公司 2018 年 12 月 12 日　　　№0065421

项　目	单　位	数　量	单　价	金　额						
				万	千	百	十	元	角	分
产品广告费	月	3	12 000	3	6	0	0	0	0	0
合计金额（大写）叁万陆仟元整				3	6	0	0	0	0	0

单位盖章发票专用章　　　收款人：吴 天　　　　开票人：吴 天

业务 13-1

表 2-40

差旅费报销单

2018 年 12 月 15 日

出差人：李红洋					职务：业务员				部门：销售部				
出差事由：商品展销会									审批人：张人杰				
起止日期及地点					交 通 费			住 宿 费			出差补贴			
月	日	起　点	月	日	终　点	交通工具	单据张数	金额	标准	天数	金额	项目	人数	天数	补贴标准	金额
12	05	郑州	12	05	北海	火车	1	360								
12	10	北海	12	10	郑州	火车	1	360	150	5	750	生活费	1	6	100	600
合计（大写）：人民币贰仟零柒拾元整									￥2 070.00							
预支金额	3 200.00		退回金额	1 130.00		补领金额			附单据　3　张							

主管：王大力　　　复核：赵中华　　　出纳：张迪海　　　报销人：李红洋

业务 13-2

表 2-41

广西壮族自治区北海市服务业专用发票

发票联

单位(姓名)：郑州大象食品有限公司 2018 年 12 月 09 日　　　　No 0811023

起止时间	2018 年 12 月 05 日—2018 年 12 月 09 日											
项　目	楼房号	天　数	单　价	人　数	万	千	百	十	元	角	分
住宿费	3#	5	160.00			8	0	0	0	0	

合计金额(大写)捌佰元整　　　　　　　　　　　　　　小写￥800.00

收款人：陆　豪　　　　　　　　　　　　　　开票人：张　三

业务 13-3

表 2-42

郑州 ——→ 北海　　　　　　郑州　发售
631 次

2018 年 12 月 05 日 6:18 开 112 车 18 号

全价 360.00 元　　　　新空调硬座特快

限乘当日当次车

在 3 日内有效

业务 13-4

表 2-43

北海 ——→ 郑州　　　　　　北海　发售
632 次

2018 年 12 月 09 日 10:30 开 10 车 25 号

全价 360.00 元　　　　新空调硬座特快

限乘当日当次车

在 3 日内有效

业务 13-5

表 2-44

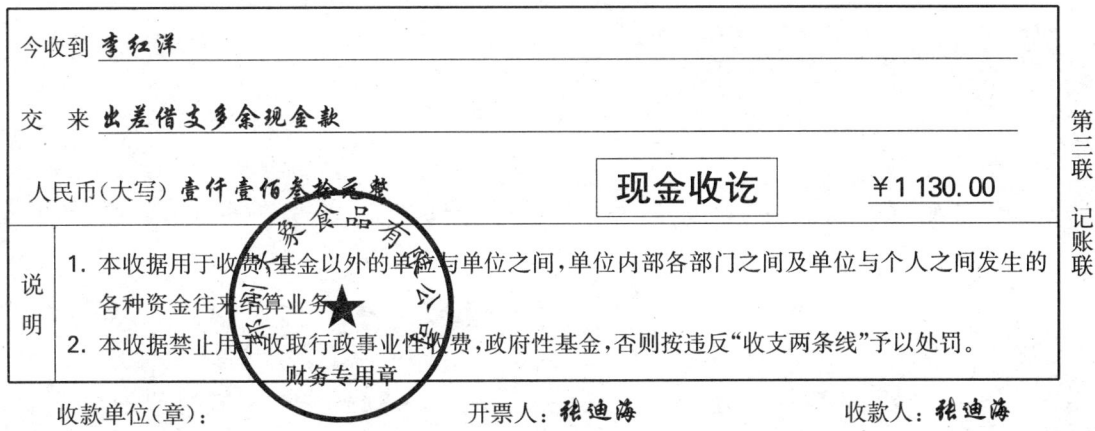

河南省统一财务收款收据

票据代码：4100010001

豫 财 综 IB〔2008〕

2018 年 12 月 15 日

№083326

今收到 李红洋

交 来 出差借支多余现金款

人民币(大写) 壹仟壹佰叁拾元整

现金收讫

￥1 130.00

说明

1. 本收据用于收费基金以外的单位与单位之间，单位内部各部门之间及单位与个人之间发生的各种资金往来结算业务。
2. 本收据禁止用于收取行政事业性收费，政府性基金，否则按违反"收支两条线"予以处罚。

收款单位(章)：　　　　　开票人：张迪海　　　　　收款人：张迪海

第三联 记账联

业务 14-1

表 2-45

中国工商银行
转账支票存根 (豫)

Ⅶ 00963424

附加信息：

出票日期：2018 年 12 月 16 日

收款人：河南通信郑州分公司

金 额：￥1 176.39

用 途：电话费

单位主管：　会计：赵中华

>>>>>>

业务 14-2

表 2-46

中国网通河南通信公司专用发票

发 票 联

连交号：1　　　　　　　　　　　　　　　发票代码：410013030067

日期：2018 年 12 月 16 日　　　　　　　　话费周期：20051101-20051130

代表号码	708868			合同号	78002256	设备数量		3 部				
付款人	郑州大象食品有限公司					十万	千	百	十	元	角	分
实收金额	壹仟壹佰柒拾陆元叁角玖分					￥1	1	7	6	3	9	
项 目	金 额	项 目	金 额		项 目	金 额						
市话月租	16.00	市话月租	16.00		市话月租	16.00						
市话区内	63.55	市话区内	86.66		市话区内	60.00						
市话区间	57.36	市话区间	120.00		市话区间	120.00						
来电显示	5.00	来电显示	5.00		来电显示	5.00						
冲预付	2.00	冲预付			冲预付							
国内长途	121.16	国内长途	386.66		国内长途							
预付款	0.93	预付款			预付款							

销账流水：5000243002000123　收款单位：河南通信郑州分公司　　收款人：502890

业务 15

表 2-47

中国工商银行电汇凭证（回单）　　1

汇款人	全 称	郑州大象食品有限公司	收款人	全 称	广西民生植物油公司								
	账 号	03716610011		账 号	7002118881								
	汇出地点	工行郑州支行		汇入地点	商行北海支行								
汇出行名称	河南 省 郑州 市/县		汇入行名称	广西 省北海 市/县									
金额	人民币（大写） 陆万柒仟捌佰陆拾元整			亿	千	百	十	万	千	百	十	元	角	分
						￥6	7	8	6	0	0	0	0

工商银行郑州支行
2018-12-18
转讫

支付密码********

附加信息及用途：购货款

汇出行签章　　　　　　　　　　复核：　　记账：

111

业务 16-1

表 2-48

河南省增值税专用发票

№01619842

此联不作报销、扣税凭证使用

校验码 112264613631203

开票日期：2018 年 12 月 19 日

购买方	名　　称：郑州阳光粮油店 纳税人识别号：037188833300012 地址、电话：工业路 300 号 开户行及账号：商行郑北支行 5800443688						密码区	（略）		
货物或应税劳务、服务名称	规格型号	单位	数量	单价	金　额		税率	税　额		
面粉	标粉	吨	30	2 860.00	85 800.00		16%	13 728.00		
合　计					￥85 800.00			￥13 728.00		
价税合计（大写）	⊗玖万玖仟伍佰贰拾捌元整						（小写）￥99 528.00			
销售方	名　　称：郑州大象食品有限公司 纳税人识别号：112233567890110 地址、电话：二七区花园路 110 号 开户行及账号：工行郑州支行 03716610011						备注			

收款人：张迪海　　　　复核：赵中华　　　　开票人：李　强　　　　销售方（章）：

第一联：记账联　销售方记账凭证

业务 16-2

表 2-49

产品出库单

2018 年 12 月 19 日

品　　名	计量单位	发出数量	备　注
面粉	吨	30	

仓库负责人：杨兰　　　　发货人：江山　　　　经办人：李红洋

业务 16-3

表 2-50

中国工商银行进账单 (收账通知)　　3

2018 年 12 月 19 日

出票人	全　　称	郑州阳光粮油店	收款人	全　　称	郑州大象食品有限公司
	账　　号	5800443688		账　　号	03716610011
	开户银行	商行郑北支行		开户银行	工行郑州支行

金额	人民币 (大写)	玖万玖仟伍佰贰拾捌元整	亿 千 百 十 万 千 百 十 元 角 分 ￥ 9 9 5 2 8 0 0

票据种类	支 票	票据张数	1	商业银行郑北支行 2018-12-19 转讫 收款人开户银行签章
票据号码		00134567		

复核　　　　记账

此联是收款人开户银行交给收款人的收账通知

业务 17

表 2-51

河南省统一财务收款收据

票据代码：4100010223

豫 财 综 IB [2008]

2018 年 12 月 20 日　　　　No 08125002

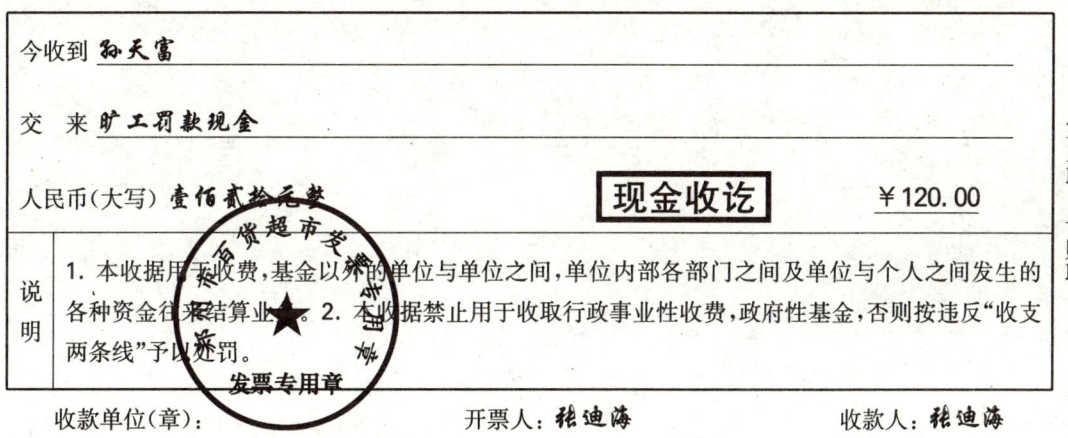

今收到	孙天富
交　来	旷工罚款现金
人民币(大写)	壹佰贰拾元整　　现金收讫　　￥ 120.00
说明	1. 本收据用于收费，基金以外的单位与单位之间，单位内部各部门之间及单位与个人之间发生的各种资金往来结算业务。2. 本收据禁止用于收取行政事业性收费，政府性基金，否则按违反"收支两条线"予以处罚。

第三联　记账联

收款单位(章)：　　　　　　开票人：张迪海　　　　　　收款人：张迪海

业务 18-1

表 2-52

河南省增值税专用发票 №01102100

校验码 112264613612546　　此联不得报销、抵税凭证使用

开票日期：2018 年 12 月 23 日

购买方	名　　称：郑州大象食品有限公司 纳税人识别号：112233567890110 地　址、电话：二七区花园路 110 号 开户行及账号：工行郑州支行 03716610011				密码区	（略）		
货物或应税劳务、服务名称	规格型号	单位	数量	单价	金　额	税率	税　额
面粉	标粉	吨	50	2 200.00	110 000.00	16%	17 600.00
合　计					￥110 000.00		￥17 600.00
价税合计（大写）	⊗壹拾贰万柒仟陆佰元整					（小写）￥127 600.00	
销售方	名　　称：郑州海天面粉有限公司 纳税人识别号：222000111400500 地　址、电话：邙山区项城路 20 号 开户行及账号：工行郑南支行 1002288009				备注			

收款人：　　　　复核：　　　　开票人：李 坤　　　　销售方（章）：

业务 18-2

表 2-53

收 料 单

供应单位：销售部　　　　　　　　　　　　　　　　　　材料科目：　　　　编号：10431

发票号码：01102100　　　　2018 年 12 月 23 日　　　　材料类别：　　　　仓库：1 号

材料编号	材料名称	规格	计量单位	数量		实际成本（元）				
				应收	实收	单价	金　额	运杂费	其他	合　计
10431	面粉	标粉	吨	50	50	2 200.00	110 000.00			110 000.00
合　计							110 000.00			￥110 000.00

仓库主管：杨 兰 验收：杨 兰 记账：赵中华 交料人：李红洋 制单：江 山 仓库(章)：

业务 19-1

表 2-54

领 料 单

2018 年 12 月 25 日

领料部门：**车间**　　用途：**生产方便面**　　　　　　　　凭证编号：08123223

材料编号	材料名称	规格	计量单位	数 量		单价（元）	金额（元）
				请 领	实 发		
10431	面粉	标粉	吨	25	25	2 200.00	55 000.00
							￥55 000.00
备注：						金额合计：55 000.00	

第三联 记账联

仓库主管：**杨 兰**　发料：**江 山**　记账：**赵中华**　领料人：**孙天富**　制单：**江 山**　仓库（章）：

业务 19-2

表 2-55

领 料 单

2018 年 12 月 25 日

领料部门：**车间**　　用途：**生产龙须面**　　　　　　　　凭证编号：08123224

材料编号	材料名称	规格	计量单位	数 量		单价（元）	金额（元）
				请 领	实 发		
10431	面粉	标粉	吨	20	20	2 200.00	44 000.00
							￥44 000.00
备注：						金额合计：44 000.00	

第三联 记账联

仓库主管：**杨 兰**　验收：**江 山**　记账：**赵中华**　交料人：**孙天富**　制单：**江 山**　仓库（章）：

业务 20-1

表 2-56

住房公积金汇（补）缴书　　　　№0001368

2018 年 12 月 26 日　　　　付清册　张

收款单位	全 称	郑州市住房公积金管理中心		缴款单位	全 称	郑州大象食品有限公司	
	公积金账号	410015587002452200			账 号	03716610011	
	开户银行	市建行市区支行			开户银行	工行郑州支行	

单位公积金账号	年度	月份	金 额									备注
			百	十	万	千	百	十	元	角	分	
2006354	2018	11			￥	5	6	0	0	0	0	

金额（人民币大写）**伍仟陆佰元整**

上月汇缴		本月增加汇缴				本月汇缴	
人数	金额	人数	金额	人数		人数	金额
					中国工商银行解放路支行		
					2018-12-16		
					业 务 清 讫 (06)		

第一联 银行盖章后退缴款单位记账

银行盖章

业务 20-2

表 2-57

河南省社会保险费委托收款凭证（付款通知） 5 №00254685

特约

委托日期 2018 年 12 月 26 日   凭证号：Z2008063321556   代码：000003652

付款人	全　称	郑州大象食品有限公司	收款人	全　称	郑州市社会保险管理中心
	账　号	03716610011		账　号	1704020050904007760
	开户行	工行郑州支行		开户银行	工行平支

中国工商银行解放路支行
2018-12-16
业 务 清 讫
(06)

金额	人民币（大写）柒仟元整					千	百	十	万	千	百	十	元	角	分
									￥	7	0	0	0	0	0

款项内容	单位缴纳	个人缴纳	补缴	滞纳金	合　计
基本养老保险费	3 920.00	3 080.00			7 000.00
基本医疗保险费					
失业保险费					
工伤保险费		★			
女工生育保险费		结算专用章			
备注	单据类型：正常缴费				

河南省社会保险费 结算专用章

付款人注意：

1. 上列款项已全部划给收款人。

2. 该款项不得拒付，如需拒付，应按照有关规定，由付款人与收款人自行联系解决。

业务 21-1

表 2-58

固定资产转让单

固定资产编号：   2018 年 12 月 26 日   固定资产卡账号：3-001

固定资产名称	规格型号	单位	数量	预计使用年限	原值	已提折旧	备注
畅想牌计算机		台	10	8	46 000		全新
固定资产状况及转让原因	外商捐赠						
处理意见	使用部门		技术鉴定小组		固定资产管理部门		主管部门审批
					同意转让		同意转让

制单：李　东

业务 21-2

表 2-59

中国工商银行 现金存款凭证

2018 年 12 月 26 日 豫 A04659555

存款人	全　称	郑州大象食品有限公司				
	账　号	03716610011		款项来源	外商捐赠	
	开户行	工行郑州支行		交 款 人	张迪海	

金额大写：贰拾伍万元整　　金额小写：￥250 000.00

票面	张数	票面	张数	票面	张数	经办：**张迪海**　复核：
100	2 500					

业务 21-3

表 2-60

河南省统一财务收款收据

2018 年 12 月 26 日

票据代码：4100010001

豫 财 综 IB[2018]

№5006456

今收到 某外商

交　来 捐赠人民币现金

人民币(大写) 贰拾伍万元整　　　**现金收讫**　　￥250 000.00

说明	1. 本收据用于收费,基金以外的单位与单位之间,单位内部各部门之间及单位与个人之间发生的各种资金往来结算业务。 2. 本收据禁止用于收取行政事业性收费,政府性基金,否则按违反"收支两条线"予以处罚。

第三联　记账联

收款单位(章)：　　　　开票人：张迪海　　　　　　收款人：张迪海

123

>>>>>> ....

业务 22-1

表 2-61

河南省行政事业单位非经营收入发票

客户名称：郑州大象食品有限公司　　发　票　联　　2018 年 12 月 26 日

项　目	单　位	数　量	单　价	金　　额							
				十	万	千	百	十	元	角	分
捐款					3	0	0	0	0	0	0
合计人民币（大写） 叁万元整				￥	3	0	0	0	0	0	0

②发票联

单位盖章：　　　　　　开票人：赵亨　　　　　　收款人：李玉

业务 22-2

表 2-62

业务 23

表 2-63

中国工商银行电汇凭证(收款通知)

委托日期 2018 年 12 月 26 日　　　　豫 A01538796

银行打印						
客户填写	业务类型	☑电汇 □信汇 □汇票申请书 □本票申请书 □其他		汇款方式	☑普通 □加急	
	委托人	全　　称	南阳大明贸易公司	收款人	全　　称	郑州大象食品有限公司
		账号或地址	3003366006		账号或地址	03716610011
		开户行名称	商行南阳分行		开户行名称	工行郑州支行
		开户行地址	河南省南阳市		开户行地址	河南省郑州市
	金额(大写) 人民币壹万陆仟捌佰肆拾捌元整					
	支付密码				汇入行签章:	
	加急汇款签字					
	用　　途	支付前欠购货款				
	附加信息及用途:					

亿	千	百	十	万	千	百	十	元	角	分
			¥	1	6	8	4	8	0	0

商业银行南阳路分行 2018-12-26 转讫

第三联 收款单位记账联

业务 24-1

表 2-64

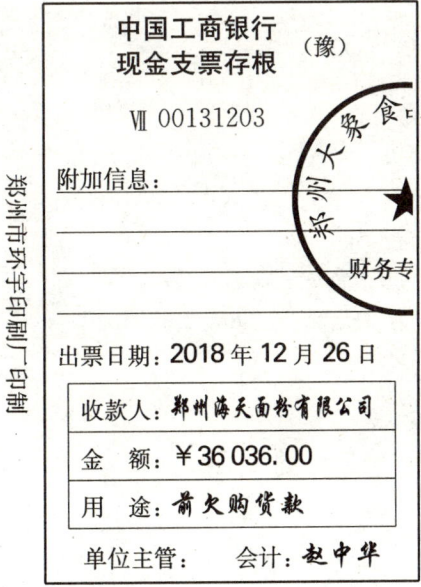

中国工商银行
现金支票存根 (豫)

Ⅶ 00131203

附加信息:

郑州大象食品有限公司 财务专用章

出票日期: 2018 年 12 月 26 日

收款人:	郑州海天面粉有限公司
金　额:	¥36 036. 00
用　途:	前欠购货款

单位主管:　　会计: 赵中华

郑州市环宇印刷厂印制

>>>>>>> --

业务 24-2

表 2-65

收　据

2018 年 12 月 26 日　　　　　№017002

今收到郑州海天面粉有限公司

| 人民币（大写） | 叁万陆仟零叁拾陆元整 | ￥36 036.00 |

系付购货款

现金收讫

收款单位（章）：　　　　　财务主管：赵　宽　　　　　收款人：张大民

第三联　客户联

业务 25-1

表 2-66

河南省增值税专用发票　　№016782111

此联不作报销和抵税凭证使用

校验码 112264613631456　　　　　　开票日期：2018 年 12 月 27 日

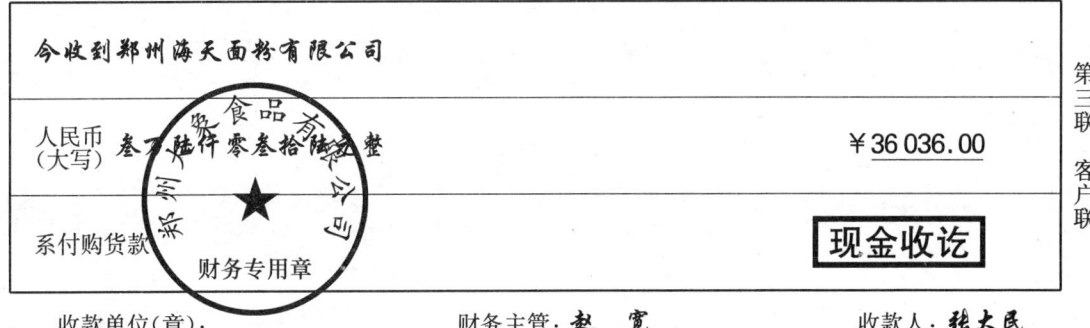

| 购买方 | 名　　　称：郑州大象食品有限公司
纳税人识别号：112233567890110
地址、电话：二七区花园路 110 号
开户行及账号：工行郑州支行 03716610011 | 密码区 | （略） |

货物或应税劳务、服务名称	规格型号	单位	数量	单　价	金　额	税率	税　额
车床	2000 型	台	1	380 000.00	380 000.00	16%	60 800.00
合　计					￥380 000.00		￥60 800.00
价税合计（大写）	⊗肆拾肆万零捌佰元整				（小写）￥440 800.00		

| 销售方 | 名　　　称：上海市光明机床厂
纳税人识别号：114455522320000
地址、电话：上海市南京路 10 号
开户行及账号：工行上海支行 1220011455 | 备注 | |

收款人：培中华　　　复核：吕玉山　　　开票人：培中华　　　销售方（章）：

第一联：记账联　销售方记账凭证

业务 25-2

表 2-67

固定资产验收单

2018 年 12 月 27 日

名　称	规格型号	单　位	数　量	设备价款	预计使用年限	使用部门
车　床	2000 型	台	1	380 000.00	15 年	车间
备　注	新购买					

业务 25-3

表 2-68

中国工商银行电汇凭证(回单)

委托日期 2018 年 12 月 27 日　　　　　豫 A01538660

<table>
<tr><td rowspan="6">银行打印</td><td colspan="8"></td></tr>
<tr><td>业务类型</td><td colspan="4">☑电汇　□信汇　□汇票申请书　□本票申请书
□其他</td><td>汇款方式</td><td colspan="2">☑普通　□加急</td></tr>
</table>

		全　　　称	郑州大象食品有限公司		全　　　称	上海市光明机床厂
客户填写	委托人	账号或地址	03716610011	收款人	账号或地址	1220011455
		开户行名称	工行郑州支行		开户行名称	工行上海支行
		开户行地址	河南省郑州市		开户行地址	省上海市

金额(大写) 人民币肆拾捌万零捌佰元整	亿	千	百	十	万	千	百	十	元	角	分
				¥ 4	8	0	8	0	0	0	0

支付密码

加急汇款签字

用　途　购车床款

附加信息及用途:

工商银行郑州支行
2018-12-27
转讫

汇出行签章:

第三联　债款单位记账联

业务 26-1

表 2-69

郑州市行政事业性收费专用票据

2018 年 12 月 27 日　　　　　　　　No0575213

收费单位：**郑州市邮政局**　　　收款人：**王国平**

交款单位	郑州大象食品有限公司	收费许可证号								备　注
收费项目	收 费 标 准	金　　额								备　注
		十万	千	百	十	元	角	分		
报刊费	**每月 600 元**		7	2	0	0	0	0		
金额大写	**人民币柒仟贰佰元整**	￥	7	2	0	0	0	0		

业务 26-2

表 2-70

中国工商银行
转 账 支 票　　（豫）

Ⅶ 00963425

附加信息：
＿＿＿＿＿＿＿＿＿＿
＿＿＿＿＿＿＿＿＿＿

出票日期：2018 年 12 月 27 日

收款人：	郑州市邮政局
金　额：	￥7 200.00
用　途：	预订明年报刊款

单位主管：　　会计：赵中华

业务 27-1

表 2-71

现金清查盘点报告表

2018 年 12 月 27 日

账面余额	实存金额	清　查　结　果		说　明
		盘　盈	盘　亏	
		620 元		经调查原因不明
负责人处理意见： 　为现金长款，作营业外收入处理。		备　注：		制表：张迪海

业务 27-2

表 2-72

现金长款处理意见

经查 2018 年 12 月 27 日盘盈现金 620 元,原因不明,暂作营业外收入处理。

公司负责人:张人杰

2018 年 12 月 27 日

业务 28

表 2-73

存货盘点盈亏报告表

2018 年 12 月 28 日

存货编号	名 称	计量单位	数量		盘盈		盘亏		原 因
			账存	实存	数量	金额	数量	金额	
10431	面 粉	千克					150	330	责任心不强
20432	龙须面	箱					3	72	责任心不强
处理意见	清查小组 已报批应登记入账。 签章:张人杰		领导审批:损失由过失人赔偿 60% 签章:王 楠 2018 年 12 月 28 日						

复核:王 楠　　　　　　　　　　　　　　　　　制单:杨 兰

业务 29-1

表 2-74

门市部销售收入汇总表

2018 年 12 月 01～28 日

产品名称	单 位	销售数量	含税售价	销售净收入	销项税额	备 注
方便面	箱	300	40.00	10 344.83	1 655.17	附现金交款单
龙须面	箱	320	36.00	9 931.03	1 588.97	4 张
合 计				20 275.86	3 244.14	
总计人民币 (大写)	贰万叁仟伍佰贰拾元整				￥ 23 520.00	

注:不含税销售额＝含税销售额÷(1＋增值税税率 16%)。

>>>>>>

业务 29-2

表 2-75

中国工商银行　现金存款凭证

2018 年 12 月 08 日　　　　　　　豫 A04659001

存款人	全称	郑州大象食品有限公司					
	账号	03716610011			款项来源	零售收入	
	开户行	工行郑州支行			交款人	马华	

金额大写：伍仟陆佰叁拾元整　　　　　　　　　　金额小写：￥5 630.00

票面	张数	票面	张数	票面	张数	
100	50	10	60	5	6	
						经办：张迪海　复核：

业务 29-3

表 2-76

中国工商银行　现金存款凭证

2018 年 12 月 16 日　　　　　　　豫 A04659220

存款人	全称	郑州大象食品有限公司					
	账号	03716610011			款项来源	零售收入	
	开户行	工行郑州支行			交款人	马华	

金额大写：壹万零贰拾元整　　　　　　　　　　金额小写：￥10 020.00

票面	张数	票面	张数	票面	张数	
100	60	50	80	10	2	
						经办：张迪海　复核：

业务 29-4

表 2-77

中国工商银行　现金存款凭证

2018 年 12 月 22 日　　　　　　　豫 A04650012

存款人	全　称	郑州大象食品有限公司				
	账　号	03716610011		款项来源	零售收入	
	开户行	工行郑州支行		交款人	马　华	

金额大写：伍仟元整　　　　　　　　　　　　金额小写：￥5 000.00

票面	张数	票面	张数	票面	张数	
50	100					
						经办：张迪海　复核：

业务 29-5

表 2-78

中国工商银行　现金存款凭证

2018 年 12 月 28 日　　　　　　　豫 A04659023

存款人	全　称	郑州大象食品有限公司				
	账　号	03716610011		款项来源	零售收入	
	开户行	工行郑州支行		交款人	马　华	

金额大写：贰仟捌佰柒拾元整　　　　　　　　金额小写：￥2 870.00

票面	张数	票面	张数	票面	张数	
100	20	10	80	5	14	
						经办：张迪海　复核：

业务30-1

表2-79

河南省增值税专用发票 №01611456

此联不作报销、扣税凭证使用

校验码 112264613635125　　　　　　　　　　　　开票日期：2018 年 12 月 27 日

购买方	名　　称：郑州大象食品有限公司 纳税人识别号：112233567890110 地址、电话：二七区花园路 110 号 开户行及账号：工行郑州支行 03716610011					密码区	（略）		
货物或应税劳务、服务名称	规格型号	单位	数量	单价	金　额		税率	税　额	
电　费	220伏	度	38 500	0.60	23 100.00		16%	3 696.00	
合　计					￥23 100.00			￥3 696.00	
价税合计（大写）	⊗贰万陆仟柒佰玖拾陆元整					（小写）￥26 796.00			
销售方	名　　称：郑州市北郊电业局管理处 纳税人识别号：250013545646455 地址、电话：花园区花园路 255 号 开户行及账号：工行花园支行 110-12456231					备注			

收款人：王　力　　　复核：张　四　　　开票人：李谷音　　　销售方（章）：

第一联：记账联　销售方记账凭证

业务30-2

表2-80

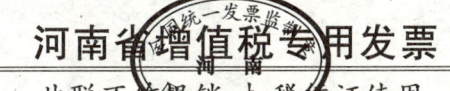

河南省增值税专用发票 №016155468

此联不作报销、扣税凭证使用

校验码 112264613637566　　　　　　　　　　　　开票日期：2018 年 12 月 27 日

购买方	名　　称：郑州大象食品有限公司 纳税人识别号：112233567890110 地址、电话：二七区花园路 110 号 开户行及账号：工行郑州支行 03716610011					密码区	（略）		
货物或应税劳务、服务名称	规格型号	单位	数量	单价	金　额		税率	税　额	
水　费	Ⅲ	吨	9 800	3.56	34 888.00		16%	5 582.08	
合　计					￥34 888.00			￥5 582.08	
价税合计（大写）	⊗肆万零肆佰柒拾元零捌分					（小写）￥40 470.08			
销售方	名　　称：郑州市路岩水厂 纳税人识别号：312012002341125 地址、电话：郑州市农业路 321 号 开户行及账号：建行郑州分行 4112058795					备注			

收款人：何营　　　复核：周　南　　　开票人：李里　　　销售方（章）：

第一联：记账联　销售方记账凭证

业务 30-3

表 2-81

中国工商银行
转账支票存根 (豫)

Ⅶ 00963426

附加信息：_____

出票日期：2018 年 12 月 27 日

收款人：	郑州市北郊电业局管理处
金 额：	￥26 796.00
用 途：	12 月份电费

单位主管： 会计：赵中华

业务 30-4

表 2-82

中国工商银行
转账支票存根 (豫)

Ⅶ 00963427

附加信息：_____

出票日期：2018 年 12 月 27 日

收款人：	郑州市路岩水厂
金 额：	￥40 470.08
用 途：	12 月份水费

单位主管： 会计：赵中华

郑州市环宇印刷厂印制

业务 30-5

表 2-83

外购水电费分配表

2018 年 12 月 27 日

使用部门	水费（元）	电费（元）	金额（元）	备 注
车 间	20 932.80	13 860.00	34 792.80	
销售部门	3 488.80	2 310.00	5 798.80	
其 他	10 466.40	6 930.00	17 396.40	
总 计	34 888.00	23 100.00	57 988.00	

业务 31

表 2-84

预付账款分配表

2018 年 12 月 27 日

单位：元

项 目	待摊费用	摊余价值	本 月 摊 销		部 门
			比 例	金 额	
报刊费	7 200.00	600.00	1/12	600.00	厂 部

业务 32-1

表 2-85

河南省增值税专用发票

№016782513

此联不作报销、扣税凭证使用

校验码 112264613631456

开票日期：2018 年 12 月 29 日

<table>
<tr><td rowspan="4">购买方</td><td>名　　　称：郑州阳光粮油店</td><td rowspan="4">密码区</td><td rowspan="4">（略）</td></tr>
<tr><td>纳税人识别号：037188833300012</td></tr>
<tr><td>地址、电话：工业路 300 号</td></tr>
<tr><td>开户行及账号：商行郑北支行 5800443688</td></tr>
</table>

货物或应税劳务、服务名称	规格型号	单位	数量	单价	金额	税率	税额
方便面	1×24	箱	1 000	38.00	38 000.00	16%	6 080.00
合　计					￥38 000.00		￥6 080.00

价税合计（大写）	⊗肆万肆仟零捌拾元整	（小写）￥44 080.00

<table>
<tr><td rowspan="4">销售方</td><td>名称：郑州大象食品有限公司</td><td rowspan="4">备注</td></tr>
<tr><td>纳税人识别号：112233567890110</td></tr>
<tr><td>地址、电话：二七区花园路 110 号</td></tr>
<tr><td>开户行及账号：工行郑州支行 03716610011</td></tr>
</table>

收款人：张迪海　　　　复核：赵中华　　　　开票人：张迪海　　　　销售方（章）：

业务 32-2

表 2-86

产 品 出 库 单

2018 年 12 月 29 日

品　　名	计量单位	发出数量	备　注
方便面	箱	1 000	

仓库负责人：杨兰　　　　发货人：江山　　　　经办人：李红洋

业务 32-3

表 2-87

中国工商银行进账单（收账通知）　　3

2018 年 12 月 29 日

出票人	全　称	郑州阳光粮油店	收款人	全　称	郑州大象食品有限公司
	账　号	5800443688		账　号	03716610011
	开户银行	商行郑北支行		开户银行	工行郑州支行

金额 人民币（大写）	肆万肆仟零捌拾元整	亿 千 百 十 万 千 百 十 元 角 分
		¥ 4 4 0 8 0 0 0

票据种类	支　票	票据张数	1
票据号码	00132211		

商业银行郑北支行

2018-12-29

收讫

复核　　　记账

收款人开户银行盖章

此联是收款人开户银行交给收款人的收账通知

业务 33

表 2-88

中国工商银行计收利息清单（支款通知）

2018 年 12 月 30 日

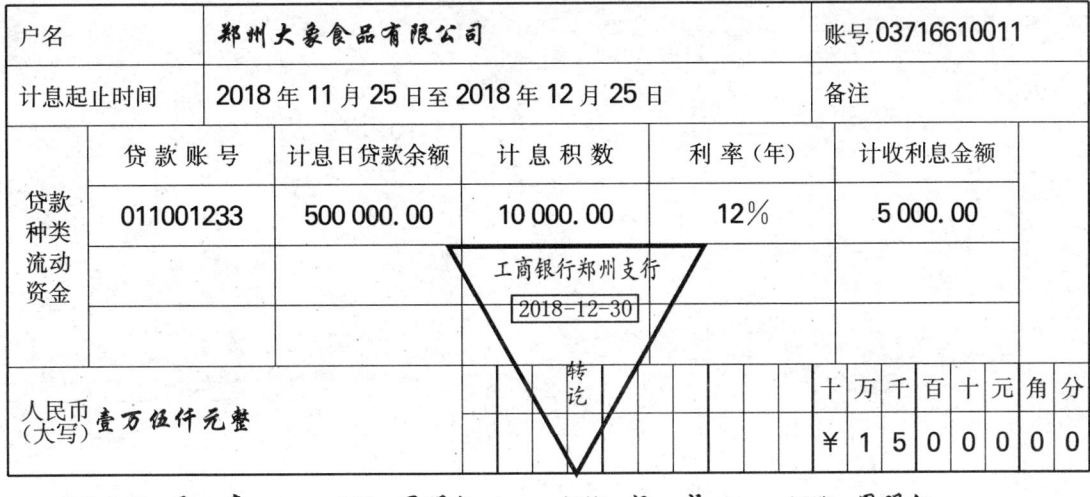

户名	郑州大象食品有限公司			账号 03716610011	
计息起止时间	2018 年 11 月 25 日至 2018 年 12 月 25 日			备注	

贷款种类 流动 资金	贷款账号	计息日贷款余额	计息积数	利率（年）	计收利息金额
	011001233	500 000.00	10 000.00	12%	5 000.00

工商银行郑州支行

2018-12-30

转讫

人民币（大写）	壹万伍仟元整	十 万 千 百 十 元 角 分
		¥ 1 5 0 0 0 0 0

单位主管：吴　豪　　　会计：周明仁　　　复核：杨　戈　　　记账：周明仁

业务 34

表 2-89

工资结算汇总表

2018 年 12 月

职工类别	计时工资	计件工资	奖金	津贴补贴	加班加点	应付工资	代垫款 水电费	代扣款 住房公积金(10%)	代扣款 社会保险费(14%)	代扣款 个人所得税	实发工资
生产方便面工人		8 200	1 650	120	350	10 320					
生产龙须面工人		6 800	1 450	116	217	8 583					
车间管理人员	2 752		300	126	98	3 276					
企业管理人员	4 455		586	270	122	5 433					
销售人员	2 887		264	192		3 343					
合　计	10 094	15 000	4 250	824	787	30 955					

业务 35

表 2-90

职工福利费开支表

2018 年 12 月　　　　　　　　　　　　　　　　　单位：元

职 工 类 别	应 提 福 利 费
生产方便面工人	1 444.80
生产龙须面工人	1 201.62
车间管理人员	458.64
企业管理人员	760.62
销售人员	468.02
合　　　　　计	4 333.70

业务 36

表 2-91

工会经费及职工教育经费计算表

2018 年 12 月   单位：元

计提基数	工 会 经 费		职 工 教 育 经 费	
	计提比例	计提金额	计提比例	计提金额
	2%		1.5%	

业务 37

表 2-92

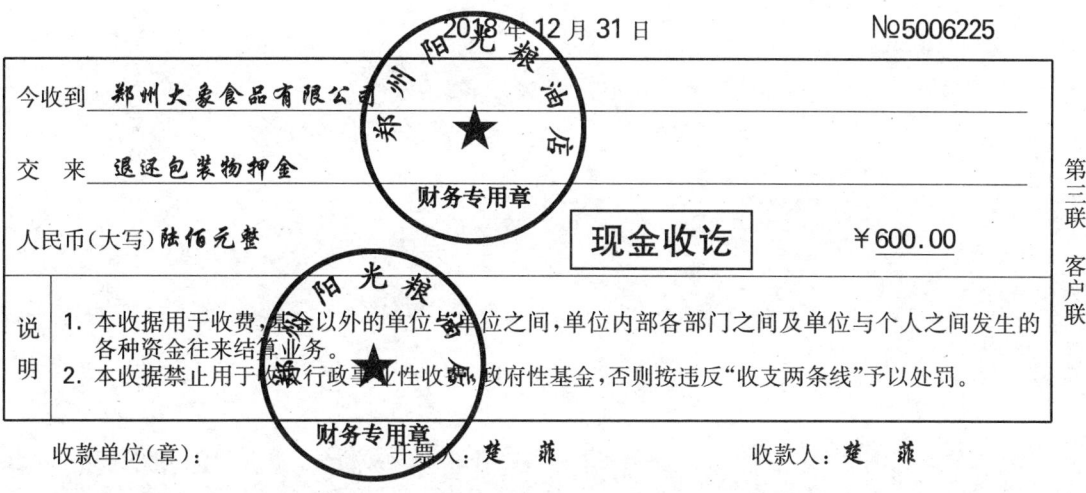

河南省统一财务收款收据

票据代码：4100010001
豫 财综 IB〔2018〕

2018 年 12 月 31 日   №5006225

今收到 郑州大象食品有限公司

交 来 退还包装物押金

人民币(大写)陆佰元整   现金收讫   ￥600.00

说明
1. 本收据用于收费、基金以外的单位与单位之间，单位内部各部门之间及单位与个人之间发生的各种资金往来结算业务。
2. 本收据禁止用于收缴行政事业性收费、政府性基金，否则按违反"收支两条线"予以处罚。

收款单位(章)：   开票人：楚菲   收款人：楚菲

第三联 客户联

业务 38

表 2-93

固定资产折旧额计算表

2018 年 12 月   单位：元

部 门	原 值	月折旧额
车 间	738 304.00	5 030.47
厂 部	1 107 456.00	6 148.35
合 计	1 845 760.00	11 178.82

业务 39

表 2-94

无形资产摊销额计算表

2018 年 12 月   单位：元

项　目	原　值	本　期　计　提		部　门
		比　例	金　额	
无形资产	250 000.00	1／10	25 000.00	厂　部

业务 40

表 2-95

制造费用分配表

2018 年 12 月   单位：元

项　目		工人工资	制　造　费　用	
			分配率	分配金额
车　间	方便面	10 320.00		
	龙须面	8 583.00		
合　计		18 903.00		

会计主管：王大力   复核：王大力   制单：赵中华

业务 41-1

表 2-96

产品成本计算单

产品名称：方便面   2018 年 12 月 31 日   产量：箱

成本项目	期初在产品成本	本月发生费用	生产费用合计	完工产品总成本	单位成本	期末在产品成本
直接材料	0					
直接人工	0					
制造费用	0					
合　计						

会计主管：王大力   审核：赵中华   制表：赵中华

业务 41-2

表 2-97

产品成本计算单

产品名称：**龙须面** 2018 年 12 月 31 日 产量：**箱**

成本项目	期 初 在产品成本	本月发生费用	生产费用合计	完工产品总 成 本	单位成本	期 末 在产品成本
直接材料	0					
直接人工	0					
制造费用	0					
合 计						

会计主管：**王大力** 审核：**赵中华** 制表：**赵中华**

业务 41-3

表 2-98

产成品入库单

2018 年 12 月 31 日 单位：**元**

产品名称	计量单位	数 量	单位成本	总成本
方便面	**箱**	10 000		
龙须面	**箱**	5 000		
合 计				

会计主管：**王大力** 审核：**赵中华** 制表：**赵中华**

业务 42-1

表 2-99

销售产品成本计提表

2018 年 12 月 31 日 单位：**元**

产品名称	销售数量(箱)	单位成本	销售总成本
方便面	12 300.00	28.80	
龙须面	5 320.00	24.00	
合 计			

会计主管：**王大力** 审核：**赵中华** 制表：**赵中华**

>>>>>> ----------------------

业务 42-2

表 2-100

销售产品成本计提表

2018 年 12 月 31 日 单位：元

产 品 名 称	销 售 数 量（吨）	单 位 成 本	销 售 总 成 本
面 粉	30	2 200.00	
合 计			

会计主管：王大力 审核：赵中华 制表：赵中华

业务 43

表 2-101

应交增值税计算表

2018 年 12 月 31 日 单位：元

应税项目	营业收入	增值税税率	当期销项税额	当期进项税额	进项税额转出	当期应纳增值税额
1	2	3	4＝2×3	5	6	7＝4－5＋6
营业额	722 075.86	16%		101 758.08		

制表：赵中华 复核：王大力

业务 44-1

表 2-102

应交教育费附加计算表

2018 年 12 月 31 日 单位：元

应费项目	计费金额	税 率	本月应交数
增值税额			
合 计			

制表：赵中华 复核：王大力

业务 44-2

表 2-103

应交城市维护建设税计算表

2018 年 12 月 31 日　　　　　　　　　　　　　　　单位：元

应税项目	计税金额	税　率	本月应交数
增值税额			
合　　计			

制表：赵中华　　　　　　　　　　　　复核：王大力

业务 45

科目汇总表请同学们自制。

业务 46

表 2-104

利 润 计 算 表

2018 年 12 月 31 日　　　　　　　　　　　单位：元

收　入		支　出	
账　户	本月发生额	账　户	本月发生额
主营业务收入		主营业务成本	
其他业务收入		税金及附加	
投资收益		其他业务成本	
营业外收入		管理费用	
		销售费用	
		财务费用	
		营业外支出	

制表：赵中华　　　　　　　　　　　　复核：王大力

业务 47

表 2-105

所得税计算表

2018 年 12 月 31 日   单位：元

项　　目	金　额	备　注
会计利润		
减：不计入应纳税所得额的收益		
国库券利息收益		
分得税后利润收益		
加：不应抵减应纳税所得额支出		
罚没支出		
赞助支出		
超计税工资支出		
超标准业务招待费		
应纳税所得额		
适用税率		
应纳所得税		

制表：赵中华   复核：王大力

业务 48

表 2-106

提取盈余公积计算表

2018 年 12 月 31 日   单位：元

项　　目	计 提 依 据		提取比例	全年应提金额
	项　目	金　额		
盈余公积	税后利润			

制表：赵中华   审核：王大力

业务 49

表 2-107

分 配 利 润 表

2018 年 12 月 31 日　　　　　　　　　　　　　　　　　单位：元

可供分配利润	项　目	分 配 率	应 分 配 额
合　计			

会计主管：**赵中华**　　　　审核：**王大力**　　　　制表：**赵中华**

（三）科目汇总表

空白的科目汇总表见表 2-108。

（四）试算平衡表

空白的结账前和结账后的试算平衡表见表 2-109 和表 2-110。

（五）会计报表

空白的资产负债表和利润表见表 2-111 和表 2-112。

表 2-108

科 目 汇 总 表

记账凭证（　）号至（　）号　　　　　　年　月　日　　　　　　科汇字（　）号

会 计 科 目	借 方 金 额	贷 方 金 额
合　　计		

会计主管：　　　　　记账：　　　　　审核：　　　　　制表：

表2-109

试 算 平 衡 表 (结账前)

年 月 日   单位：**元**

账户名称	期初余额		本期发生额		期末余额	
	借 方	贷 方	借 方	贷 方	借 方	贷 方

表 2-110

试 算 平 衡 表(结账后)

年 月 日   单位：元

账户名称	借方余额	账户名称	贷方余额

表 2-111

资 产 负 债 表

会企 01 表

编制单位： ＿＿＿＿年＿月＿日 单位：元

资　　　产	期末余额	年初余额	负债和所有者权益（或股东权益）	期末余额	年初余额
流动资产：			流动负债：		
货币资金			短期借款		
交易性金融资产			交易性金融负债		
衍生金融资产			衍生金融负债		
应收票据及应收账款			应付票据及应付账款		
预付款项			预收款项		
其他应收款			合同负债		
存 货			应付职工薪酬		
合同资产			应交税费		
持有待售资产			其他应付款		
一年内到期的非流动资产			持有待售负债		
其他流动资产			一年内到期的非流动负债		
流动资产合计			其他流动负债		
非流动资产：			流动负债合计		
债权投资			非流动负债：		
其他债权投资			长期借款		
长期应收款			应付债券		
长期股权投资			其中：优先股		
其他权益工具投资			永续债		
其他非流动金融资产			长期应付款		
投资性房地产			预计负债		
固定资产			递延收益		
在建工程			递延所得税负债		
生产性生物资产			其他非流动负债		
油气资产			非流动负债合计		
无形资产			负债合计		
开发支出			所有者权益（或股东权益）：		
商誉			实收资本（或股本）		
长期待摊费用			其他权益工具		
递延所得税资产			其中：优先股		
其他非流动资产			永续债		
非流动资产合计			资本公积		
			减：库存股		
			其他综合收益		
			盈余公积		
			未分配利润		
			所有者权益（或股东权益）合计		
资产总计			负债和所有者权益（或股东权益）总计		

表 2-112

利 润 表

会企 02 表

编制单位：　　　　　　　　　　　____年___月　　　　　　　　　　单位：元

项　　目	本 期 金 额	上 期 金 额
一、营业收入		
减：营业成本		
税金及附加		
销售费用		
管理费用		
研发费用		
财务费用		
其中：利息费用		
利息收入		
资产减值损失		
信用减值损失		
加：其他收益		
投资收益(损失以"一"号填列)		
其中：对联营企业和合营企业的投资收益		
净敞口套期收益(损失以"一"号填列)		
公允价值变动收益(损失以"一"号填列)		
资产处置收益(损失以"一"号填列)		
二、营业利润(亏损以"一"号填列)		
加：营业外收入		
减：营业外支出		
三、利润总额(亏损总额以"一"号填列)		
减：所得税费用		
四、净利润(净亏损以"一"号填列)		
(一)持续经营净利润(净亏损以"一"号填列)		
(二)终止经营净利润(净亏损以"一"号填列)		
五、其他综合收益的税后净额		
(一)不能重分类进损益的其他综合收益		
1.重新计量设定受益计划变动额		
2.权益法下不能转损益的其他综合收益		
3.其他权益工具投资公允价值变动		
4.企业自身信用风险公允价值变动		
………		
(二)将重分类进损益的其他综合收益		
1.权益法下可转损益的其他综合收益		
2.其他债权投资公允价值变动		
3.金融资产重分类计入其他综合收益的金额		
4.其他债权投资信用减值准备		
5.现金流量套期储备		
6.外币财务报表折算差额		
………		
六、综合收益总额		
七、每股收益：		
(一)基本每股收益		
(二)稀释每股收益		

七、实训结果提示

综合模拟实训经济业务的会计分录及相关参考答案如下：

(1) 借：库存现金 3 000
　　　贷：银行存款 3 000

(2) 借：其他应收款——李红洋 3 200
　　　贷：库存现金 3 200

(3) 借：生产成本——方便面 130 800
　　　　　　　　——龙须面 44 000
　　　贷：原材料——面粉 110 000
　　　　　　　　——棕榈油 58 000
　　　　　　　　——调味料 6 800

(4) 借：应交税费——应交增值税 9 800
　　　　　　　　——应交城市维护建设税 686
　　　　　　　　——应交教育费附加 294
　　　贷：银行存款 10 780
　　　借：应交税费——应交所得税 6 200
　　　贷：银行存款 6 200

(5) 借：银行存款 37 065.6
　　　贷：应收账款——河南利民贸易公司 37 065.6

(6) 借：制造费用——办公用品费 384
　　　销售费用——办公用品费 216
　　　管理费用——办公用品费 904
　　　贷：库存现金 1 504

(7) 借：库存现金 19 756
　　　贷：银行存款 19 756

(8) 借：应付职工薪酬——工资 28 000
　　　贷：库存现金 19 756
　　　其他应收款——代垫职工水电费 2 364
　　　应付职工薪酬——住房公积金 2 800
　　　　　　　　　——社会保险费 3 080

(9) 借：原材料——面粉 88 000
　　　应交税费——应交增值税(进项税额) 14 080
　　　贷：银行存款 102 080

(10) 借：应收账款——南阳大明贸易公司 375 840
　　　贷：主营业务收入——方便面 228 000
　　　　　　　　　　　——龙须面 96 000
　　　应交税费——应交增值税(销项税额) 51 840

(11) 借：银行存款 294 640

  贷：主营业务收入——方便面 190 000

    ——龙须面 64 000

   应交税费——应交增值税（销项税额） 40 640

(12) 借：预付账款——广告费 24 000

  销售费用——广告费 12 000

  贷：银行存款 36 000

(13) 借：销售费用——差旅费 2 070

  库存现金 1 130

  贷：其他应收款——李红洋 3 200

(14) 借：管理费用——电话费 1 176.39

  贷：银行存款 1 176.39

(15) 借：应付账款——广西民生植物油公司 67 860

  贷：银行存款 67 860

(16) 借：银行存款 99 528

  贷：其他业务收入——面粉 85 800

   应交税费——应交增值税（销项税额） 13 728

(17) 借：库存现金 120

  贷：营业外收入——罚款收入 120

(18) 借：原材料——面粉 110 000

   应交税费——应交增值税（进项税额） 17 600

  贷：应付账款——郑州海天面粉有限公司 127 600

(19) 借：生产成本——方便面 55 000

    ——龙须面 44 000

  贷：原材料——面粉 99 000

(20) 借：应付职工薪酬——住房公积金 5 600

    ——社会保险费 7 000

  贷：银行存款 12 600

(21) 借：固定资产——计算机 46 000

  银行存款 250 000

  贷：营业外收入——外商捐赠 296 000

(22) 借：营业外支出——向灾区捐款 30 000

  贷：银行存款 30 000

(23) 借：银行存款 16 848

  贷：应收账款——南阳大明贸易公司 16 848

(24) 借：应付账款——郑州海天面粉有限公司 36 036

  贷：银行存款 36 036

(25) 借：固定资产——机床 380 000

   应交税费——应交增值税（进项税额） 60 800

  贷：银行存款 440 800

(26) 借：预付账款——报刊费 7 200

  贷：银行存款 7 200

(27) ① 借：库存现金 620

   贷：待处理财产损溢——待处理流动资产损溢 620

 ② 借：待处理财产损溢——待处理流动资产损溢 620

   贷：营业外收入——现金长款 620

(28) ① 借：待处理财产损溢——待处理流动资产损溢 402

   贷：原材料——面粉 330

    库存商品——龙须面 72

 ② 借：其他应收款——江山 241.2

   管理费用——其他 160.8

   贷：待处理财产损溢——待处理流动资产损溢 402.0

(29) 借：银行存款 23 520.00

  贷：主营业务收入——方便面 10 344.83

      ——龙须面 9 931.03

   应交税费——应交增值税（销项税额） 3 244.14

(30) 借：管理费用——水费 10 466.40

   制造费用——水费 20 932.80

   销售费用——水费 3 488.80

   应交税费——应交增值税（进项税额） 5 582.08

  贷：银行存款 40 470.08

 借：管理费用——电费 6 930

   制造费用——电费 13 860

   销售费用——电费 2 310

   应交税费——应交增值税（进项税额） 3 696

  贷：银行存款 26 796

(31) 借：管理费用——报刊费 600

  贷：预付账款——报刊费 600

(32) 借：银行存款 44 080

  贷：主营业务收入——方便面 38 000

   应交税费——应交增值税（销项税额） 6 080

(33) 借：财务费用——利息 5 000

   应付利息 10 000

  贷：银行存款 15 000

（34）借：生产成本——方便面   10 320

        ——龙须面   8 583

      制造费用——工资   3 276

      管理费用——工资   5 433

      销售费用——工资   3 343

      贷：应付职工薪酬——工资   30 955

（35）借：生产成本——方便面——福利费   1 444.80

        ——龙须面——福利费   1 201.62

      制造费用——福利费   458.64

      管理费用——福利费   760.62

      销售费用——福利费   468.02

      贷：应付职工薪酬——职工福利费   4 333.70

（36）借：管理费用——工会会费   619.10

        ——职工教育经费   464.33

      贷：应付职工薪酬——工会会费   619.10

        ——职工教育经费   464.33

（37）借：其他应付款——郑州阳光粮油店   600

      贷：库存现金   600

（38）借：制造费用——折旧费   5 030.47

      管理费用——折旧费   6 148.35

      贷：累计折旧   11 178.82

（39）借：管理费用——无形资产摊销   25 000

      贷：累计摊销   25 000

（40）制造费用总额＝384＋34 792.8＋3 276＋458.64＋5 030.47＝43 941.91（元）

      分配率＝43 941.91÷（10 320＋8 583）＝2.325

      方便面负担制造费用＝10 320×2.325＝23 994（元）

      龙须面负担制造费用＝43 941.91－23 994＝19 947.91（元）

   借：生产成本——方便面   23 994.00

        ——龙须面   19 947.91

      贷：制造费用   43 941.91

（41）

产品成本计算单

产品名称：方便面   2018 年 12 月 31 日   产量：箱

成本项目	期初在产品成本	本月发生费用	生产费用合计	完工产品总成本	单位成本	期末在产品成本
直接材料	0	185 800	185 800	185 800		
直接人工	0	11 764.8	11 764.8	11 764.8		

（续表）

成本项目	期 初 在产品成本	本月发生费用	生产费用合计	完工产品总 成 本	单位成本	期 末 在产品成本
制造费用	0	23 994	23 994	23 994		
合　计		221 558.8	221 558.8	221 558.8	22.16	

会计主管：**王大力**　　　　审核：**赵中华**　　　　制表：**赵中华**

产品成本计算单

2018 年 12 月 31 日

产品名称：龙须面　　　　　　　　　　　　　　　　　　　　　产量：箱

成本项目	期 初 在产品成本	本月发生费用	生产费用合计	完工产品总 成 本	单位成本	期 末 在产品成本
直接材料	0	88 000	88 000	88 000		
直接人工	0	9 784.62	9 784.62	9 784.62		
制造费用	0	19 947.91	19 947.91	19 947.91		
合　计		117 732.53	117 732.53	117 732.53	23.55	

会计主管：**王大力**　　　　审核：**赵中华**　　　　制表：**赵中华**

借：库存商品——方便面　　　　　　　　　　　　　　　　221 558.80
　　　　　　——龙须面　　　　　　　　　　　　　　　　117 732.53
　　贷：生产成本——方便面　　　　　　　　　　　　　　221 558.80
　　　　　　　　——龙须面　　　　　　　　　　　　　　117 732.53

（42）方便面销售成本＝12 300×28.8＝354 240（元）

　　　龙须面销售成本＝5 320×24＝127 680（元）

借：主营业务成本——方便面　　　　　　　　　　　　　　354 240
　　　　　　　　　——龙须面　　　　　　　　　　　　　127 680
　　贷：库存商品——方便面　　　　　　　　　　　　　　354 240
　　　　　　　　——龙须面　　　　　　　　　　　　　　127 680

借：其他业务成本　　　　　　　　　　　　　　　　　　　66 000
　　贷：原材料——面粉　　　　　　　　　　　　　　　　66 000

（43）销项税额＝51 840＋40 640＋13 728＋6 080＋3 244.14＝115 532.14（元）

　　　进项税额＝14 080＋9 278.08＋17 600＋60 800＝101 758.08（元）

　　　应交增值税＝115 532.14－101 758.08＝13 774.06（元）

（44）应交城市维护建设税＝13 774.06×7％＝964.18（元）

　　　应交教育费附加＝13 774.06×3％＝413.23（元）

借：税金及附加　　　　　　　　　　　　　　　　　　　　1 377.41
　　贷：应交税费——应交城市维护建设税　　　　　　　　964.18
　　　　　　　　——应交教育费附加　　　　　　　　　　413.23

（45）（略）

（46）主营业务收入＝32 400＋254 000＋38 000＋20 275.86＝636 275.86（元）

营业外收入＝120＋620＋296 000＝296 740（元）

借：主营业务收入	636 275.86
其他业务收入	85 800.00
营业外收入	296 740.00
贷：本年利润	1 018 815.86

管理费用＝904＋1 176.39＋17 396.4＋600＋5 433＋760.62＋6 148.35＋25 000＋

160.8＋1 083.43＝58 662.99（元）

销售费用＝216＋12 000＋2 070＋5 798.8＋3 343＋468.02＝23 895.82（元）

主营业务成本＝345 600＋120 000＋8 640＋7 680＝481 920（元）

营业外支出＝30 000（元）

其他业务成本＝66 000（元）

借：本年利润	666 856.22
贷：主营业务成本	481 920.00
其他业务成本	66 000.00
税金及附加	1 377.41
管理费用	58 662.99
销售费用	23 895.82
财务费用	5 000.00
营业外支出	30 000.00

（47）利润总额＝1 018 815.86－666 856.22＝351 959.64（元）

所得税＝351 959.64×25％＝87 989.91（元）

净利润＝351 959.64－87 989.91＝263 969.73（元）

借：所得税费用	87 989.91
贷：应交税费——应交所得税	87 989.91
借：本年利润	87 989.91
贷：所得税费用	87 989.91

（48）可供分配利润＝470 000（1～11月份）＋263 969.73（12月份）＝733 969.73（元）

提取盈余公积＝733 969.73×10％＝73 396.97（元）

借：利润分配——提取盈余公积	73 396.97
贷：盈余公积	73 396.97

（49）借：利润分配——应付股利（733 969.73×60％） | 440 381.84

　贷：应付股利 | 440 381.84

（50）未分配利润＝733 969.73－73 396.97－440 381.84＝220 190.92（元）

借：本年利润	733 969.73
贷：利润分配——未分配利润	733 969.73
借：利润分配——未分配利润	513 778.81
贷：利润分配——提取盈余公积	73 396.97
——应付股利	440 381.84

附录

会计基础工作规范

（1996 年 6 月 17 日财政部财会字 19 号发布）

第一章 总 则

第一条 为了加强会计基础工作，建立规范的会计工作秩序，提高会计工作水平，根据《中华人民共和国会计法》的有关规定，制定本规范。

第二条 国家机关、社会团体、企业、事业单位、个体工商户和其他组织的会计基础工作，应当符合本规范的规定。

第三条 各单位应当依据有关法律、法规和本规范的规定，加强会计基础工作，严格执行会计法规制度，保证会计工作依法有序地进行。

第四条 单位领导人对本单位的会计基础工作负有领导责任。

第五条 各省，自治区、直辖市财政厅（局）要加强对会计基础工作的管理和指导，通过政策引导、经验交流、监督检查等措施，促进基层单位加强会计基础工作，不断提高会计工作水平。国务院各业务主管部门根据职责权限管理本部门的会计基础工作。

第二章 会计机构和会计人员

第一节 会计机构设置和会计人员配备

第六条 各单位应当根据会计业务的需要设置会计机构；不具备单独设置会计机构条件的，应当在有关机构中配备人员。事业行政单位会计机构的设置和会计人员的配备，应当符合国家统一事业行政单位会计制度的规定。设置会计机构，应当配备会计机构负责人；在有关机构中配备专职会计人员，应当在专职会计人员中指定会计主管人员。会计机构负责人、会计主管人员的任免，应当符合《中华人民共和国会计法》和有关法律的规定。

第七条 会计机构负责人、会计主管人员应当具备下列基本条件：

（一）坚持原则，廉洁奉公；

（二）具有会计专业技术资格；

（三）主管一个单位或者单位内一个重要方面的财务会计工作时间不少于 2 年；

（四）熟悉国家财经法律、法规、规章和方针、政策，掌握本行业业务管理的有关知识；

（五）有较强的组织能力；

（六）身体状况能够适应本职工作的要求。

第八条 没有设置会计机构和配备会计人员的单位，应当根据《代理记账管理暂行办法》委托会计师事务所或者持有代理记账许可证书的其他代理记账机构进行代理记账。

第九条 大、中型企业、事业单位、业务主管部门应当根据法律和国家有关规定设置总会计师。总会计师由具有会计师以上专业技术资格的人员担任。总会计师行使《总会计师条例》规定的职责、权限。总会计师的任命(聘任)、免职(解聘)依照《总会计师条例》和有关法律的规定办理。

第十条 各单位应当根据会计业务需要配备持有会计证的会计人员。未取得会计证的人员,不得从事会计工作。

第十一条 各单位应当根据会计业务需要设置会计工作岗位。

会计工作岗位一般可分为:会计机构负责人或者会计主管人员,出纳,财产物资核算,工资核算,成本费用核算;财务成果核算,资金核算,往来结算,总账报表,稽核,档案管理等。开展会计电算化和管理会计的单位,可以根据需要设置相应工作岗位,也可以与其他工作岗位相结合。

第十二条 会计工作岗位,可以一人一岗、一人多岗或者一岗多人。但出纳人员不得兼管稽核、会计档案保管和收入、费用、债权债务账目的登记工作。

第十三条 会计人员的工作岗位应当有计划地进行轮换。

第十四条 会计人员应当具备必要的专业知识和专业技能,熟悉国家有关法律、法规,规章和国家统一会计制度,遵守职业道德。会计人员应当按照国家有关规定参加会计业务的培训。各单位应当合理安排会计人员的培训,保证会计人员每年有一定时间用于学习和参加培训。

第十五条 各单位领导人应当支持会计机构、会计人员依法行使职权;对忠于职守,坚持原则,做出显著成绩的会计机构、会计人员,应当给予精神的和物质的奖励。

第十六条 国家机关、国有企业、事业单位任用会计人员应当实行回避制度。单位领导人的直系亲属不得担任本单位的会计机构负责人、会计主管人员。会计机构负责人,会计主管人员的直系亲属不得在本单位会计机构中担任出纳工作。需要回避的直系亲属为:夫妻关系、直系血亲关系、三代以内旁系血亲以及配偶亲关系。

第二节 会计人员职业道德

第十七条 会计人员在会计工作中应当遵守职业道德,树立良好的职业品质、严谨的工作作风,严守工作纪律,努力提高工作效率和工作质量。

第十八条 会计人员应当热爱本职工作,努力钻研业务,使自己的知识和技能适应所从事工作的要求。

第十九条 会计人员应当熟悉财经法律、法规、规章和国家统一会计制度,并结合会计工作进行广泛宣传。

第二十条 会计人员应当按照会计法律、法规和国家统一会计制度规定的程序和要求进行会计工作,保证所提供的会计信息合法、真实、准确、及时、完整。

第二十一条 会计人员办理会计事务应当实事求是、客观公正。

第二十二条 会计人员应当熟悉本单位的生产经营和业务管理情况,运用掌握的会计信息和会计方法,为改善单位内部管理、提高经济效益服务。

>>>>>>

第二十三条 会计人员应当保守本单位的商业秘密。除法律规定和单位领导人同意外,不能私自向外界提供或者泄露单位的会计信息。

第二十四条 财政部门、业务主管部门和各单位应当定期检查会计人员遵守职业道德的情况,并作为会计人员晋升、晋级、聘任专业职务、表彰奖励的重要考核依据。会计人员违反职业道德的,由所在单位进行处罚;情节严重的,由会计证发证机关吊销其会计证。

第三节 会计工作交接

第二十五条 会计人员工作调动或者因故离职,必须将本人所经管的会计工作全部移交给接替人员。没有办清交接手续的,不得调动或者离职。

第二十六条 接替人员应当认真接管移交工作,并继续办理移交的未了事项。

第二十七条 会计人员办理移交手续前,必须及时做好以下工作:

(一)已经受理的经济业务尚未填制会计凭证的,应当填制完毕。

(二)尚未登记的账目,应当登记完毕,并在最后一笔余额后加盖经办人员印章。

(三)整理应该移交的各项资料,对未了事项写出书面材料。

(四)编制移交清册,列明应当移交的会计凭证、会计账簿、会计报表、印章、现金、有价证券、支票簿、发票、文件、其他会计资料和物品等内容;实行会计电算化的单位,从事该项工作的移交人员还应当在移交清册中列明会计软件及密码、会计软件数据磁盘(磁带等)及有关资料、实物等内容。

第二十八条 会计人员办理交接手续,必须有监交人负责监交。一般会计人员交接,由单位会计机构负责人、会计主管人员负责监交;会计机构负责人、会计主管人员交接,由单位领导人负责监交,必要时可由上级主管部门派人会同监交。

第二十九条 移交人员在办理移交时,要按移交清册逐项移交;接替人员要逐项核对点收。

(一)现金、有价证券要根据会计账簿有关记录进行点交。库存现金、有价证券必须与会计账簿记录保持一致。不一致时,移交人员必须限期查清。

(二)会计凭证、会计账簿、会计报表和其他会计资料必须完整无缺。如有短缺,必须查清原因,并在移交清册中注明,由移交人员负责。

(三)银行存款账户余额要与银行对账单核对,如不一致,应当编制银行存款余额调节表调节相符,各种财产物资和债权债务的明细账户余额要与总账有关账户余额核对相符;必要时,要抽查个别账户的余额,与实物核对相符,或者与往来单位、个人核对清楚。

(四)移交人员经管的票据、印章和其他实物等,必须交接清楚;移交人员从事会计电算化工作的,要对有关电子数据在实际操作状态下进行交接。

第三十条 会计机构负责人、会计主管人员移交时,还必须将全部财务会计工作、重大财务收支和会计人员的情况等,向接替人员详细介绍。对需要移交的遗留问题,应当写出书面材料。

第三十一条 交接完毕后,交接双方和监交人员要在移交注册上签名或者盖章,并应在移交注册上注明:单位名称,交接日期,交接双方和监交人员的职务、姓名,移交清册页数以及需要说明的问题和意见等。移交清册一般应当填制一式三份,交接双方各执一份,存档一份。

第三十二条 接替人员应当继续使用移交的会计账簿,不得自行另立新账,以保持会计记录的连续性。

第三十三条 会计人员临时离职或者因病不能工作且需要接替或者代理的,会计机构负责人、会计主管人员或者单位领导人必须指定有关人员接替或者代理,并办理交接手续。临时离职或者因病不能工作的会计人员恢复工作的,应当与接替或者代理人员办理交接手续。移交人员因病或者其他特殊原因不能亲自办理移交的,经单位领导人批准,可由移交人员委托他人代办移交,但委托人应当承担本规范第三十五条规定的责任。

第三十四条 单位撤销时,必须留有必要的会计人员,会同有关人员办理清理工作,编制决算。未移交前,不得离职。接收单位和移交日期由主管部门确定。单位合并、分立的,其会计工作交接手续比照上述有关规定办理。

第三十五条 移交人员对所移交的会计凭证、会计账簿、会计报表和其他有关资料的合法性、真实性承担法律责任。

第三章 会计核算

第一节 会计核算一般要求

第三十六条 各单位应当按照《中华人民共和国会计法》和国家统一会计制度的规定建立会计账册,进行会计核算,及时提供合法、真实、准确、完整的会计信息。

第三十七条 各单位发生的下列事项,应当及时办理会计手续、进行会计核算:

(一)款项和有价证券的收付;

(二)财物的收发、增减和使用;

(三)债权债务的发生和结算;

(四)资本、基金的增减;

(五)收入、支出、费用、成本的计算;

(六)财务成果的计算和处理;

(七)其他需要办理会计手续、进行会计核算的事项。

第三十八条 各单位的会计核算应当以实际发生的经济业务为依据,按照规定的会计处理方法进行,保证会计指标的口径一致、相互可比和会计处理方法的前后各期相一致。

第三十九条 会计年度自公历1月1日起至12月31日止。

第四十条 会计核算以人民币为记账本位币。

收支业务以外国货币为主的单位,也可以选定某种外国货币作为记账本位币,但是编制的会计报表应当折算为人民币反映。境外单位向国内有关部门编报的会计报表,应当折算为人民币反映。

第四十一条 各单位根据国家统一会计制度的要求,在不影响会计核算要求、会计报表指标汇总和对外统一会计报表的前提下,可以根据实际情况自行设置和使用会计科目。事业行政单位会计科目的设置和使用,应当符合国家统一事业行政单位会计制度的规定。

第四十二条　会计凭证、会计账簿、会计报表和其他会计资料的内容和要求必须符合国家统一会计制度的规定,不得伪造、变造会计凭证和会计账簿,不得设置账外账,不得报送虚假会计报表。

第四十三条　各单位对外报送的会计报表格式由财政部统一规定。

第四十四条　实行会计电算化的单位,对使用的会计软件及其生成的会计凭证、会计账簿。会计报表和其他会计资料的要求,应当符合财政部关于会计电算化的有关规定。

第四十五条　各单位的会计凭证、会计账簿、会计报表和其他会计资料,应当建立档案,妥善保管。会计档案建档要求、保管期限、销毁办法等依据《会计档案管理办法》的规定进行。实行会计电算化的单位,有关电子数据、会计软件资料等应当作为会计档案进行管理。

第四十六条　会计记录的文字应当使用中文,少数民族自治地区可以同时使用少数民族文字。中国境内的外商投资企业、外国企业和其他外国经济组织也可以同时使用某种外国文字。

第二节　填制会计凭证

第四十七条　各单位办理本规范第三十七条规定的事项,必须取得或者填制原始凭证,并及时送交会计机构。

第四十八条　原始凭证的基本要求是:

(一) 原始凭证的内容必须具备:凭证的名称;填制凭证的日期;填制凭证单位名称或者填制人姓名;经办人员的签名或者盖章;接受凭证单位名称;经济业务内容;数量、单价和金额。

(二) 从外单位取得的原始凭证,必须盖有填制单位的公章;从个人取得的原始凭证,必须有填制人员的签名或者盖章。自制原始凭证必须有经办单位领导人或者其指定的人员签名或者盖章。对外开出的原始凭证,必须加盖本单位公章。

(三) 凡填有大写和小写金额的原始凭证,大写与小写金额必须相符。购买实物的原始凭证,必须有验收证明。支付款项的原始凭证,必须有收款单位和收款人的收款证明。

(四) 一式几联的原始凭证,应当注明各联的用途,只能以一联作为报销凭证。

一式几联的发票和收据,必须用双面复写纸(发票和收据本身具备复写纸功能的除外)套写,并连续编号。作废时应当加盖"作废"戳记,连同存根一起保存,不得撕毁。

(五) 发生销货退回的,除填制退货发票外,还必须有退货验收证明;退款时,必须取得对方的收款收据或者汇款银行的凭证,不得以退货发票代替收据。

(六) 职工公出借款凭据,必须附在记账凭证之后。收回借款时,应当另开收据或者退还借据副本,不得退还原借款收据。

(七) 经上级有关部门批准的经济业务,应当将批准文件作为原始凭证附件。如果批准文件需要单独归档的,应当在凭证上注明批准机关名称、日期和文件字号。

第四十九条　原始凭证不得涂改、挖补。发现原始凭证有错误的,应当由开出单位重开或者更正,更正处应当加盖开出单位的公章。

第五十条　会计机构、会计人员要根据审核无误的原始凭证填制记账凭证。

JI CHU KUAI JI MO NI SHI XUN

记账凭证可以分为收款凭证、付款凭证和转账凭证,也可以使用通用记账凭证。

第五十一条 记账凭证的基本要求是:

(一)记账凭证的内容必须具备:填制凭证的日期;凭证编号;经济业务摘要;会计科目;金额;所附原始凭证张数;填制凭证人员、稽核人员、记账人员、会计机构负责人、会计主管人员签名或者盖章。收款和付款记账凭证还应当由出纳人员签名或者盖章。

以自制的原始凭证或者原始凭证汇总表代替记账凭证的,也必须具备记账凭证应有的项目。

(二)填制记账凭证时,应当对记账凭证进行连续编号。一笔经济业务需要填制两张以上记账凭证的,可以采用分数编号法编号。

(三)记账凭证可以根据每一张原始凭证填制,或者根据若干张同类原始凭证汇总填制,也可以根据原始凭证汇总表填制。但不得将不同内容和类别的原始凭证汇总填制在一张记账凭证上。

(四)除结账和更正错误的记账凭证可以不附原始凭证外,其他记账凭证必须附有原始凭证。如果一张原始凭证涉及几张记账凭证,可以把原始凭证附在一张主要的记账凭证后面,并在其他记账凭证上注明附有该原始凭证的记账凭证的编号或者附原始凭证复印件。一张原始凭证所列支出需要几个单位共同负担的,应当将其他单位负担的部分,开给对方原始凭证分割单,进行结算。原始凭证分割单必须具备原始凭证的基本内容:凭证名称、填制凭证日期、填制凭证单位名称或者填制人姓名、经办人的签名或者盖章、接受凭证单位名称、经济业务内容、数量、单价、金额和费用分摊情况等。

(五)如果在填制记账凭证时发生错误,应当重新填制。

已经登记入账的记账凭证,在当年内发现填写错误时,可以用红字填写一张与原内容相同的记账凭证,在摘要栏注明"注销某月某日某号凭证"字样,同时再用蓝字重新填制一张正确的记账凭证,注明"订正某月某日某号凭证"字样。如果会计科目没有错误,只是金额错误,也可以将正确数字与错误数字之间的差额,另编一张调整的记账凭证,调增金额用蓝字,调减金额用红字。发现以前年度记账凭证有错误的,应当用蓝字填制一张更正的记账凭证。

(六)记账凭证填制完经济业务事项后,如有空行,应当自金额栏最后一笔金额数字下的空行处至合计数上的空行处划线注销。

第五十二条 填制会计凭证,字迹必须清晰、工整,并符合下列要求:

(一)阿拉伯数字应当一个一个地写,不得连笔写。阿拉伯金额数字前面应当书写货币币种符号或者货币名称简写和币种符号。币种符号与阿拉伯金额数字之间不得留有空白。凡阿拉伯数字前写有币种符号的,数字后面不再写货币单位。

(二)所有以元为单位(其他货币种类为货币基本单位,下同)的阿拉伯数字,除表示单价等情况外,一律填写到角分;无角分的,角位和分位可写"00",或者符号"—";有角无分的,分位应当写"0",不得用符号"—"代替。

(三)汉字大写数字金额如零、壹、贰、叁、肆、伍、陆、柒、捌、玖、拾、佰、仟、万、亿等,一律用正楷或者行书体书写,不得用〇、一、二、三、四、五、六、七、八、九、十等简化字代替,不得任意自造简化字。大写金额数字到元或者角为止的,在"元"或者"角"字之后应当写"整"字或者"正"字;大写金额数字有分的,分字后面不写"整"或者"正"字。

(四) 大写金额数字前未印有货币名称的,应当加填货币名称,货币名称与金额数字之间不得留有空白。

(五) 阿拉伯金额数字中间有"0"时,汉字大写金额要写"零"字;阿拉伯数字金额中间连续有几个"0"时,汉字大写金额中可以只写一个"零"字;阿拉伯金额数字元位是"0",或者数字中间连续有几个"0"、元位也是"0"但角位不是"0"时,汉字大写金额可以只写一个"零"字,也可以不写"零"字。

第五十三条　实行会计电算化的单位,对于机制记账凭证,要认真审核,做到会计科目使用正确,数字准确无误。打印出的机制记账凭证要加盖制单人员、审核人员、记账人员及会计机构负责人、会计主管人员印章或者签字。

第五十四条　各单位会计凭证的传递程序应当科学、合理,具体办法由各单位根据会计业务需要自行规定。

第五十五条　会计机构、会计人员要妥善保管会计凭证。

(一) 会计凭证应当及时传递,不得积压。

(二) 会计凭证登记完毕后,应当按照分类和编号顺序保管,不得散乱丢失。

(三) 记账凭证应当连同所附的原始凭证或者原始凭证汇总表,按照编号顺序,折叠整齐,按期装订成册,并加具封面,注明单位名称、年度、月份和起讫日期、凭证种类、起讫号码,由装订人在装订线封签外签名或者盖章。对于数量过多的原始凭证,可以单独装订保管,在封面上注明记账凭证日期、编号、种类,同时在记账凭证上注明"附件另订"和原始凭证名称及编号。各种经济合同、存出保证金收据以及涉外文件等重要原始凭证,应当另编目录,单独登记保管,并在有关的记账凭证和原始凭证上相互注明日期和编号。

(四) 原始凭证不得外借,其他单位如因特殊原因需要使用原始凭证时,经本单位会计机构负责人、会计主管人员批准,可以复制。向外单位提供的原始凭证复制件,应当在专设的登记簿上登记,并由提供人员和收取人员共同签名或者盖章。

(五) 从外单位取得的原始凭证如有遗失,应当取得原开出单位盖有公章的证明,并注明原来凭证的号码、金额和内容等,由经办单位会计机构负责人、会计主管人员和单位领导人批准后,才能代作原始凭证。如果确实无法取得证明的,如火车、轮船、飞机票等凭证,由当事人写出详细情况,由经办单位会计机构负责人、会计主管人员和单位领导人批准后,代作原始凭证。

第三节　登记会计账簿

第五十六条　各单位应当按照国家统一会计制度的规定和会计业务的需要设置会计账簿。会计账簿包括总账、明细账、日记账和其他辅助性账簿。

第五十七条　现金日记账和银行存款日记账必须采用订本式账簿。不得用银行对账单或者其他方法代替日记账。

第五十八条　实行会计电算化的单位,用计算机打印的会计账簿必须连续编号,经审核无误后装订成册,并由记账人员和会计机构负责人、会计主管人员签字或者盖章。

第五十九条 启用会计账簿时,应当在账簿封面上写明单位名称和账簿名称。在账簿扉页上应当附启用表,内容包括:启用日期、账簿页数、记账人员和会计机构负责人、会计主管人员姓名,并加盖名章和单位公章。记账人员或者会计机构负责人、会计主管人员调动工作时,应当注明交接日期、接办人员或者监交人员姓名,并由交接双方人员签名或者盖章。启用订本式账簿,应当从第一页到最后一页顺序编定页数,不得跳页、缺号。使用活页式账页,应当按账户顺序编号,并须定期装订成册。装订后再按实际使用的账页顺序编定页码。另加目录,记明每个账户的名称和页次。

第六十条 会计人员应当根据审核无误的会计凭证登记会计账簿。登记账簿的基本要求是:

(一) 登记会计账簿时,应当将会计凭证日期、编号、业务内容摘要、金额和其他有关资料逐项记入账内;做到数字准确、摘要清楚、登记及时、字迹工整。

(二) 登记完毕后,要在记账凭证上签名或者盖章,并注明已经登账的符号,表示已经记账。

(三) 账簿中书写的文字和数字上面要留有适当空格,不要写满格;一般应占格距的二分之一。

(四) 登记账簿要用蓝黑墨水或者碳素墨水书写,不得使用圆珠笔(银行的复写账簿除外)或者铅笔书写。

(五) 下列情况,可以用红色墨水记账:

1. 按照红字冲账的记账凭证,冲销错误记录;

2. 在不设借贷等栏的多栏式账页中,登记减少数;

3. 在三栏式账户的余额栏前,如未印明余额方面的,在余额栏内登记负数余额;

4. 根据国家统一会计制度的规定可以用红字登记的其他会计记录。

(六) 各种账簿按页次顺序连续登记,不得跳行、隔页。如果发生跳行、隔页,应当将空行、空页划线注销,或者注明"此行空白"、"此页空白"字样,并由记账人员签名或者盖章。

(七) 凡需要结出余额的账户,结出余额后。应当在"借或贷"等栏内写明"借"或者"贷"等字样。没有余额的账户,应当在"借或贷"等栏内写"平"字,并在余额栏内用"Q"表示。现金日记账和银行存款日记账必须逐日结出余额。

(八) 每一账页登记完毕结转下页时,应当结出本页合计数及余额,写在本页最后一行和下页第一行有关栏内,并在摘要栏内注明"过次页"和"承前页"字样;也可以将本页合计数及金额只写在下页第一行有关栏内,并在摘要栏内注明"承前页"字样。对需要结计本月发生额的账户,结计"过次页"的本页合计数应当为自本月初起至本页未止的发生额合计数;对需要结计本年累计发生额的账户,结计"过次页"的本页合计数应当为自年初起至本页未止的累计数;对既不需要结计本月发生额也不需要结计本年累计发生额的账户,可以只将每页未的余额结转次页。

第六十一条 实行会计电算化的单位,总账和明细账应当定期打印。发生收款和付款业务的,在输入收款凭证和付款凭证的当天必须打印出现金日记账和银行存款日记账,并与库存现金核对无误。

第六十二条　账簿记录发生错误，不准涂改、挖补、刮擦或者用药水消除字迹，不准重新抄写，必须按照下列方法进行更正：

（一）登记账簿时发生错误，应当将错误的文字或者数字划红线注销，但必须使原有字迹仍可辨认；然后在划线上方填写正确的文字或者数字，并由记账人员在更正处盖章。对于错误的数字，应当全部划红线更正，不得只更正其中的错误数字。对于文字错误，可只划去错误的部分。

（二）由于记账凭证错误而使账簿记录发生错误，应当按更正的记账凭证登记账簿。

第六十三条　各单位应当定期对会计账簿记录的有关数字与库存实物、货币资金、有价证券、往来单位或者个人等进行相互核对，保证账证相符、账账相符、账实相符。对账工作每年至少进行一次。

（一）账证核对。核对会计账簿记录与原始凭证、记账凭证的时间、凭证字号、内容、金额是否一致，记账方向是否相符。

（二）账账核对。核对不同会计账簿之间的账簿记录是否相符，包括：总账有关账户的余额核对，总账与明细账核对，总账与日记账核对，会计部门的财产物资明细账与财产物资保管和使用部门的有关明细账核对等。

（三）账实核对。核对会计账簿记录与财产等实有数额是否相符。包括：现金日记账账面余额与现金实际库存数相核对；银行存款日记账账面余额定期与银行对账单相核对；各种财物明细账账面余额与财物实存数额相核对；各种应收、应付款明细账账面余额与有关债务、债权单位或者个人核对等。

第六十四条　各单位应当按照规定定期结账。

（一）结账前，必须将本期内所发生的各项经济业务全部登记入账。

（二）结账时，应当结出每个账户的期末余额。需要结出当月发生额的，应当在摘要栏内注明"本月合计"字样，并在下面通栏划单红线。需要结出本年累计发生额的，应当在摘要栏内注明"本年累计"字样，并在下面通栏划单红线；12 月末的"本年累计"就是全年累计发生额。全年累计发生额下面应当通栏划双红线。年度终了结账时，所有总账账户都应当结出全年发生额和年末余额。

（三）年度终了，要把各账户的余额结转到下一会计年度，并在摘要栏注明"结转下年"字样；在下一会计年度新建有关会计账簿的第一行余额栏内填写上年结转的余额，并在摘要栏注明"上年结转"字样。

第四节　编制财务报告

第六十五条　各单位必须按照国家统一会计制度的规定，定期编制财务报告。财务报告包括会计报表及其说明。会计报表包括会计报表主表、会计报表附表、会计报表附注。

第六十六条　各单位对外报送的财务报告应当根据国家统一会计制度规定的格式和要求编制。单位内部使用的财务报告，其格式和要求由各单位自行规定。

第六十七条　会计报表应当根据登记完整、核对无误的会计账簿记录和其他有关资料编制，做到数字真实、计算准确、内容完整、说明清楚。任何人不得篡改或者授意、指使、强令他人篡改会计报表的有关数字。

第六十八条 会计报表之间、会计报表各项目之间,凡有对应关系的数字,应当相互一致。本期会计报表与上期会计报表之间有关的数字应当相互衔接。如果不同会计年度会计报表中各项目的内容和核算方法有变更的,应当在年度会计报表中加以说明。

第六十九条 各单位应当按照国家统一会计制度的规定认真编写会计报表附注及其说明,做到项目齐全,内容完整。

第七十条 各单位应当按照国家规定的期限对外报送财务报告。对外报送的财务报告,应当依次编定页码,加具封面,装订成册,加盖公章。封面上应当注明:单位名称,单位地址,财务报告所属年度、季度、月度,送出日期,并由单位领导人、总会计师、会计机构负责人、会计主管人员签名或者盖章。单位领导人对财务报告的合法性、真实性负法律责任。

第七十一条 根据法律和国家有关规定应当对财务报告进行审计的,财务报告编制单位应当先行委托注册会计师进行审计,并将注册会计师出具的审计报告随同财务报告按照规定的期限报送有关部门。

第七十二条 如果发现对外报送的财务报告有错误,应当及时办理更正手续。除更正本单位留存的财务报告外,并应同时通知接受财务报告的单位更正。错误较多的,应当重新编报。

第四章 会 计 监 督

第七十三条 各单位的会计机构、会计人员对本单位的经济活动进行会计监督。

第七十四条 会计机构、会计人员进行会计监督的依据是:

(一) 财经法律、法规、规章;

(二) 会计法律、法规和国家统一会计制度;

(三) 各省、自治区、直辖市财政厅(局)和国务院业务主管部门根据《中华人民共和国会计法》和国家统一会计制度制定的具体实施办法或者补充规定;

(四) 各单位根据《中华人民共和国会计法》和国家统一会计制度制定的单位内部会计管理制度;

(五) 各单位内部的预算、财务计划、经济计划、业务计划第七十五条会计机构、会计人员应当对原始凭证进行审核和监督。对不真实、不合法的原始凭证,不予受理。对弄虚作假、严重违法的原始凭证,在不予受理的同时,应当予以扣留,并及时向单位领导人报告,请求查明原因,追究当事人的责任。对记载不明确、不完整的原始凭证,予以退回,要求经办人员更正、补充。

第七十五条 会计机构、会计人员应当对原始凭证进行审核和监督。

对不真实、不合法的原始凭证,不予受理。对弄虚作假、严重违法的原始凭证,在不予受理的同时,应当予以扣留,并及时向单位领导人报告,请求查明原因,追究当事人的责任。

对记载不明确、不完整的原始凭证,予以退回,要求经办人员更正、补充。

第七十六条　会计机构、会计人员对伪造、变造、故意毁灭会计账簿或者账外设账行为,应当制止和纠正;制止和纠正无效的,应当向上级主管单位报告,请求作出处理。

第七十七条　会计机构、会计人员应当对实物、款项进行监督,督促建立并严格执行财产清查制度。发现账簿记录与实物、款项不符时,应当按照国家有关规定进行处理。超出会计机构、会计人员职权范围的,应当立即向本单位领导报告,请求查明原因,作出处理。

第七十八条　会计机构、会计人员对指使、强令编造、篡改财务报告行为,应当制止和纠正;制止和纠正无效的,应当向上级主管单位报告,请求处理。

第七十九条　会计机构、会计人员应当对财务收支进行监督。

(一) 对审批手续不全的财务收支,应当退回,要求补充、更正。

(二) 对违反规定不纳入单位统一会计核算的财务收支,应当制止和纠正。

(三) 对违反国家统一的财政、财务、会计制度规定的财务收支,不予办理。

(四) 对认为是违反国家统一的财政、财务、会计制度规定的财务收支。应当制止和纠正;制止和纠正无效的,应当向单位领导人提出书面意见请求处理。单位领导人应当在接到书面意见起十日内作出书面决定,并对决定承担责任。

(五) 对违反国家统一的财政、财务、会计制度规定的财务收支,不予制止和纠正,又不向单位领导人提出书面意见的;也应当承担责任。

(六) 对严重违反国家利益和社会公众利益的财务收支,应当向主管单位或者财政、审计、税务机关报告。

第八十条　会计机构、会计人员对违反单位内部会计管理制度的经济活动,应当制止和纠正;制止和纠正无效的,向单位领导人报告,请求处理。

第八十一条　会计机构、会计人员应当对单位制定的预算、财务计划、经济计划、业务计划的执行情况进行监督。

第八十二条　各单位必须依照法律和国家有关规定接受财政、审计、税务等机关的监督,如实提供会计凭证、会计账簿、会计报表和其他会计资料以及有关情况、不得拒绝、隐匿、谎报。

第八十三条　按照法律规定应当委托注册会计师进行审计的单位,应当委托注册会计师进行审计,并配合注册会计师的工作,如实提供会计凭证、会计账簿、会计报表和其他会计资料以及有关情况,不得拒绝、隐匿、谎报;不得示意注册会计师出具不当的审计报告。

第五章　内部会计管理制度

第八十四条　各单位应当根据《中华人民共和国会计法》和国家统一会计制度的规定,结合单位类型和内容管理的需要,建立健全相应的内部会计管理制度。

第八十五条　各单位制定内部会计管理制度应当遵循下列原则:

(一) 应当执行法律、法规和国家统一的财务会计制度。

(二) 应当体现本单位的生产经营、业务管理的特点和要求。

(三) 应当全面规范本单位的各项会计工作,建立健全会计基础,保证会计工作的有序进行。

（四）应当科学、合理，便于操作和执行。

（五）应当定期检查执行情况。

（六）应当根据管理需要和执行中的问题不断完善。

第八十六条 各单位应当建立内部会计管理体系。主要内容包括：单位领导人、总会计师对会计工作的领导职责；会计部门及其会计机构负责人、会计主管人员的职责、权限；会计部门与其他职能部门的关系；会计核算的组织形式等。

第八十七条 各单位应当建立会计人员岗位责任制度。主要内容包括：会计人员的工作岗位设置；各会计工作岗位的职责和标准；各会计工作岗位的人员和具体分工；会计工作岗位轮换办法；对各会计工作岗位的考核办法。

第八十八条 各单位应当建立账务处理程序制度。主要内容包括：会计科目及其明细科目的设置和使用；会计凭证的格式、审核要求和传递程序；会计核算方法；会计账簿的设置；编制会计报表的种类和要求；单位会计指标体系。

第八十九条 各单位应当建立内部牵制制度。主要内容包括：内部牵制制度的原则；组织分工；出纳岗位的职责和限制条件；有关岗位的职责和权限。

第九十条 各单位应当建立稽核制度。主要内容包括：稽核工作的组织形式和具体分工；稽核工作的职责、权限；审核会计凭证和复核会计账簿、会计报表的方法。

第九十一条 各单位应当建立原始记录管理制度。主要内容包括：原始记录的内容和填制方法；原始记录的格式；原始记录的审核；原始记录填制人的责任；原始记录签署；传递、汇集要求。

第九十二条 各单位应当建立定额管理制度。主要内容包括：定额管理的范围；制定和修订定额的依据、程序和方法；定额的执行；定额考核和奖惩办法等。

第九十三条 各单位应当建立计量验收制度。主要内容包括：计量检测手段和方法；计量验收管理的要求；计量验收人员的责任和奖惩办法。

第九十四条 各单位应当建立财产清查制度。主要内容包括：财产清查的范围；财产清查的组织；时产清查的期限和方法；对财产清查中发现问题的处理办法；对财产管理人员的奖惩办法。

第九十五条 各单位应当建立财务收支审批制度。主要内容包括：财务收支审批人员和审批权限；财务收支审批程序；财务收支审批人员的责任。

第九十六条 实行成本核算的单位应当建立成本核算制度。主要内容包括：成本核算的对象；成本核算的方法和程序；成本、分析等。

第九十七条 各单位应当建立财务会计分析制度。主要内容包括：财务会计分析的主要内容；财务会计分析的基本要求和组织程序；财务会计分析的具体方法；财务会计分析报告的编写要求等。

第六章　附　　则

第九十八条 本规范所称国家统一会计制度，是指由财政部制定、或者财政部与国务院有关部门联合制定、或者经财政部审核批准的在全国范围内统一执行的会计规章、准则、办法等规范性文件。本规范所称会计主管人员,是指不设置会计机构、只在其他机构中设置专职会计人员的单位行使会计机构负责人职权的人员。

本规范第三章第二节和第三节关于填制会计凭证、登记会计账簿的规定,除特别指出外,一般适用于手工记账。实行会计电算化的单位,填制会计凭证和登记会计账簿的有关要求,应当符合财政部关于会计电算化的有关规定。

第九十九条　各省、自治区、直辖市财政厅(局)、国务院各业务主管部门可以根据本规范的原则,结合本地区、本部门的具体情况,制定具体实施办法,报财政部备案。

第一百条　本规范由财政部负责解释、修改。

第一百零一条　本规范自公布之日起实施。1984 年 4 月 24 日财政部发布的《会计人员工作规则》同时废止。

参 考 文 献

[1] 中华人民共和国财政部. 小企业会计准则(2011)[M]. 北京:经济科学出版社,2011.

[2] 财政部会计司编写组. 小企业会计准则释义(2011)[M]. 北京:中国财政经济出版社,2011.

[3] 刘雪清. 会计模拟实训[M]. 4版. 北京:中国财政经济出版社,2015.

[4] 王满亭. 基础会计模拟实训教程[M]. 3版. 北京:电子工业出版社,2015.